Der Wahrheit zum Recht verhelfen

Aus aktuellem Anlaß – angesichts der Herausforderung durch den Terrorismus – werden in diesem Band Texte des Tübinger Professors für Systematische Theologie Eberhard Jüngel vorgelegt, der von Kanzel und Katheder aus besonnen und kompromißlos zu der gefährlichen Entwicklung, die zur gegenwärtigen Situation führte, Stellung genommen hat.
Bestürzung, Angst und Zorn sind zwar verständliche Reaktionen.
Doch dabei darf es nicht bleiben.
Gerade wer dem Wort Gottes etwas zutraut, muß dieses Zutrauen jetzt laut werden lassen.
Das geschieht in dieser Schrift.
Denn angesichts des Terrors kommt es – wie Eberhardt Jüngel schreibt – »erst recht darauf an, der Wahrheit zum Recht und so dem Recht zur Wahrheit zu verhelfen«.

Kreuz Verlag Stuttgart · Berlin

Eberhard Jüngel

Der Wahrheit zum Recht verhelfen

Kreuz Verlag

1. Auflage (1.–10. Tausend)

Gestaltung: Hans Hug
Gesamtherstellung: Ebner, Ulm
ISBN 3 7831 0525 0

Inhalt

Zu dieser Schrift

Gott helfe uns – kurz nachdem Bundeskanzler Helmut Schmidt am 20. Oktober 1977 seine Regierungserklärung zum Terrorismus mit eben diesen Worten beendet hatte, mußte ich in Tübingen die Vorlesungstätigkeit aufnehmen. Das neue Semester hatte begonnen, und ich stand seit der Kette von Morden, die der Ermordung des Generalbundesanwaltes Siegfried Buback und seiner Begleiter folgten, zum ersten Mal wieder am Katheder, den Studenten gegenüber. Am Abend zuvor war die Ermordung des entführten Hanns Martin Schleyer bekannt geworden. Neue Verbrechen sind zu befürchten. Unmöglich, in dieser Situation mit dem akademischen Unterricht einfach anzufangen! Ich konnte und wollte nicht verhehlen, daß wir auch und gerade an der Universität Betroffene und wie sehr wir betroffen sind. Ich konnte und wollte nicht verhehlen, daß und wie sehr wir jetzt auf Hilfe angewiesen sind: auf gegenseitige Hilfe und auf eben jene Hilfe, an die Helmut Schmidt im Deutschen Bundestag erinnert hatte, als er seine Regierungserklärung mit dem sehr nüchternen Satz beschloß: *Gott helfe uns*.

Zur Situation in Tübingen muß man wissen, daß sie im letzten Semester von der Bestürzung und von der Empörung geprägt war, die eine Aktion von 28 Theologiestudenten hervorgerufen hatte. Als der des Mordes an Generalbundesanwalt Buback und seinen Begleitern und des Mordversuchs an einem ihn verhaftenden Polizisten dringend verdächtige Terrorist Günter Sonnenberg schwer verletzt in einer Tübinger Klinik medizinisch behandelt wurde, beschlossen die wenige Minuten entfernt versammelten Studenten, ihm und dem bei seiner Festnahme ebenfalls schwer verletzten Polizisten in Singen Blumen und Brief zu schicken. Im Brief an Sonnenberg hatten sich die Verfasser von den »Formen« terroristischer Auseinandersetzung (»z. B. tötende Gewalt im Kampf um eine bessere Form des Zusammenlebens«) ausdrücklich distanziert. Ich nehme das ernst. Ich bin sicher, daß diese Studenten keinen Terrorismus wollen. Gerade deshalb aber fällt es mir schwer, auch das ernst zu nehmen, was zugleich in diesem Brief erklärt wurde: daß nämlich die Verfasser »in der Fachschaft ev. Theologie in der politischen Auseinandersetzung mit den Kräften stehen, mit denen auch Du zu tun hast«. Der Brief schloß mit dem Wunsch nach einer »Gesellschaft . . ., in der Entfremdung aufgehoben, Haß und Gewalt überflüssig, Solidarität und Zärtlichkeit die menschlichen Umgangsformen sein werden«. Hinzugefügt war die Anmerkung: »Übrigens wünschen wir das auch den Polizisten, die dann allerdings nicht mehr nötig sein werden!«

Nachdem der Lehrkörper die Aktion, die auch sonst auf Ablehnung stieß und schließlich von der Mehrheit der Theologiestudenten ausdrücklich verworfen wurde, einstimmig verurteilt hatte[1], solidarisierte sich der Tübinger Allgemeine Studenten-Ausschuß (AStA) mit den 28 Theologiestudenten und gab u. a. bekannt: »Der AStA verurteilt demgegenüber das verlogene und menschenunwürdige Verhalten des Universitätspräsidenten, der sogenannten kirchlichen Würdenträger, des verhetzten Lehrkörpers des Fachbereichs und einer gleichgeschalteten Presse, die zu differenzierter Analyse nicht in der Lage und wohl auch nicht willens sind ... Was sagten diese Fassadenchristen von Professoren und Kirchenräten, als politische Gefangene in deutschen Gefängnissen unter unverwechselbar deutschen Haftbedingungen krepierten? Wo waren da die Hüter der Moral? Oder als Bischof Scharf 1974 Ulrike Meinhof im Knast besuchte?«

Nun, das sind Fragen, die – von ihrer Formulierung einmal abgesehen – eine beklemmende Unkenntnis verraten. Man geniert sich geradezu, daran zu erinnern, daß die Verfasser immerhin hätten nachlesen können, wo und zu welchem Zeitpunkt z. B. ich – die Kollegen hätten bei ähnlicher

[1]Die Professoren, Dozenten, Akademischen Räte und Assistenten des Fachbereichs Evangelische Theologie der Universität Tübingen veröffentlichten folgenden Text: »Mit Bestürzung haben wir die geistige Verwirrung einer Gruppe von Theologiestudenten zur Kenntnis genommen, die sich in der Übersendung von Brief und Blumen an den wegen Mordverdacht inhaftierten Günter Sonnenberg ausdrückt. Auch Mitgefühl mit einem Schwerverletzten kann nicht Schritte legitimieren, die die Grenze zwischen Recht und Unrecht verwischen. Solche Schritte werden unweigerlich zur Sympathieerklärung für die Gesetzlosigkeit. Daran ändert auch Distanzierung von Terror und Mord nichts. Die Einsatzbereitschaft für das Bessere sollte sich nicht von den terroristischen Zielen weniger mißbrauchen lassen.«

Gelegenheit kaum anders votiert – den Gefängnisbesuch von Kurt Scharf bei Frau Meinhof ausdrücklich verteidigt hatte. Doch ich zitiere aus der Stellungnahme des AStA hier jetzt nur, um anhand dieser Sprache das Klima deutlich zu machen, in dem wir miteinander arbeiten müssen.

Es ist so gut wie unmöglich, in einem solchen Klima politisch kontroverse Fragen besonnen zu diskutieren. Und doch muß das wieder möglich werden. Es muß möglich werden, sich über die Ursachen des Terrorismus, über dieses schier unentwirrbare Geflecht von vermeintlichen Gründen, wirklichen Anlässen, von sinnvollen und sinnlosen Utopien, konstruktiven Tagträumen und destruktiven Träumereien, berechtigtem und unberechtigtem Protest – es muß möglich werden, sich darüber zu verständigen. Es muß möglich werden, kritisch nach der eigenen Mitverantwortung für die Situation zu fragen, die junge Menschen veranlassen kann, so große Schuld auf sich zu laden – und das in der grotesken Meinung, damit irgend jemandem irgend etwas Gutes zu tun. Es muß möglich werden, ohne in die Hysterie der Sympathisantenjagd – die kann eine ernsthafte geistige Auseinandersetzung mit dem Terrorismus nur verhindern! – zu verfallen, sich auch darüber zu verständigen, ob an den Universitäten nicht gewollt oder ungewollt Weichen so gestellt wurden, daß der Weg dorthin gewiß nicht notwendig, aber doch immerhin möglich wurde. Allein das Übermaß an Erwartungen, die ohne jede ernsthafte Reflexion auf ihre Realisierungsmöglichkeiten geweckt und dennoch als realisierbar ausgegeben wurden, stellt ein höchst problematisches Aggressionspotential dar, das sich denn auch kaum zufällig in einer Sprache artikuliert, die immerhin Brücken zum Terror baut.

»Es muß in der Bundesrepublik möglich sein, ohne Berührungsangst mit möglichen Terroristen zu reden, ehe sie zu jenen stoßen, die Morden für ein Mittel der Politik halten« – las ich in einem Brief der Humanistischen Union an den Bundespräsidenten. Jawohl, das muß möglich sein oder doch wieder möglich werden. Das kann aber nur dann möglich sein, wenn auch diejenige Berührungsangst abgebaut wird, die ein großer Teil der studentischen Jugend gegenüber dem eigenen Staat und seinen Institutionen hat. Für das Entstehen dieser Berührungsangst gegenüber dem Staat sind aber nicht nur dessen unbestreitbare Mängel verantwortlich. In erheblichem Maße ist dafür – nicht etwa die Kritik, sondern – die Hypertrophie verantwortlich, mit der man die notwendige Kritik des Staates, der Gesellschaft (und hoffentlich auch der jeweils eigenen Ansprüche an Staat und Gesellschaft) in eine kontinuierliche Gesellschaftsschelte und Staatsverachtung verwandelte. Das verträgt auf die Dauer kein freies Gemeinwesen.

Abbau der Berührungsangst ist in der Tat das Gebot der Stunde. Abbau der Berührungsangst auch zwischen denen, die einander mit guten Gründen politisch widersprechen! Abbau der Berührungsangst auch zwischen den Generationen!

Was wir jetzt brauchen, ist Mut zur Freiheit, ja – Freiheit zur Freiheit. Jetzt erst recht! Zur Freiheit muß man offensichtlich allemal neu frei werden. Der Terrorismus droht uns äußerlich und innerlich unfrei für die Freiheit zu machen. Das darf ihm auf keinen Fall gelingen. Nur das nicht! Angesichts des

Terrors kann man zwar nervös werden. Wer wird es nicht? Aber angesichts des Terrors darf auf keinen Fall nervös oder eilfertig und schon gar nicht leichtfertig *reagiert* werden. Angesichts des Terrors wäre Oberflächlichkeit bereits ein Erfolg des Terrorismus. Angesichts des Terrors kommt es erst recht darauf an, der Wahrheit zum Recht und so dem Recht zur Wahrheit zu verhelfen. Dann werden wir frei für die Freiheit.

Weil ich zutiefst davon überzeugt bin, daß das Evangelium vom helfenden Gott besser als jeder Solidaritätsappell – bzw. diesem seine Kraft gebend – dazu in die Lage setzt, von der vielfachen Berührungsangst, die zu freier Kommunikation und *fruchtbarer* Kritik unfähig macht, befreit und frei für die Freiheit zu werden, deshalb habe ich dem Vorschlag des Kreuz Verlages gern zugestimmt, verschiedene Gedanken, die in den letzten zwölf Monaten auf Kanzel und Katheder in Tübingen von mir vorgetragen wurden, für eine theologische Flugschrift aus aktuellem Anlaß zur Verfügung zu stellen. Die beiden aus besonderem Anlaß ausschließlich an die Hörer meiner Vorlesungen gerichteten Ansprachen habe ich den biblischen Textauslegungen beigegeben, weil sie einen Einblick in diejenige Situation vermitteln, die jene Auslegungen zweifellos stark mitbestimmt haben. Außerdem sind die Vorgänge an der Universität so etwas wie ein Spiegel der geistigen Situation unserer Zeit. Jene »Kathederreden« handeln auf ihre Weise ebenso wie die »Kanzelreden« von dem, was uns alle angeht. Sie deklinieren alle diesen einen Satz: *Gott helfe uns.*

Mit unserer Macht ist nichts getan

31. Oktober 1976

Gott ist unsere Zuversicht und Stärke, eine Hilfe in den großen Nöten, die uns getroffen haben. Darum fürchten wir uns nicht, wenngleich die Welt unterginge und die Berge mitten ins Meer sänken, wenngleich das Meer wütete und wallte und von seinem Ungestüm die Berge einfielen. Dennoch soll die Stadt Gottes fein lustig bleiben mit ihren Brünnlein, da die heiligen Wohnungen des Höchsten sind. Gott ist bei ihr drinnen, darum wird sie fest bleiben. Gott hilft ihr früh am Morgen. Die Heiden müssen verzagen und die Königreiche fallen, das Erdreich muß vergehen, wenn er sich hören läßt. Der Herr Zebaoth ist mit uns. Der Gott Jakobs ist unser Schutz. Kommet her und schauet die Werke des Herrn, der auf Erden solch Zerstören anrichtet, der den Kriegen steuert in aller Welt, der Bogen zerbricht, Spieße zerschlägt und Wagen mit Feuer verbrennt. Seid stille und erkennet, daß ich Gott bin. Ich will Ehre einlegen unter den Heiden. Ich will Ehre einlegen auf Erden. Der Herr Zebaoth ist mit uns. Der Gott Jakobs ist unser Schutz.

Psalm 46

I Dieser Psalm ist uns vor allem aus dem Echo vertraut, das er in Luthers großem Choral gefunden hat: *Ein feste Burg ist unser Gott, ein gute Wehr und Waffen.* In einen Choral kann man einstimmen. Der Psalm wartet sogar darauf, daß wir nicht nur mit unserer Stimme, sondern mit unserem ganzen Leben in seine Wahrheit einstimmen.

Können wir es? Ja wollen wir das überhaupt? Schreckt uns nicht der unerschütterliche Ton, mit dem der Psalmist seine Gottesgewißheit vorträgt, und schreckt uns nicht erst recht das Echo, das dieser Ton dann in Luthers Choral gefunden hat, viel eher ab: Gott als *feste Burg,* uneinnehmbar, von allen Seiten zwar bestürmt, aber nach allen Seiten bestens gesichert, eben *ein gute Wehr und Waffen?*

Es ist wohl nützlich und vielleicht sogar heilsam, wenn wir am heutigen Reformationstag über diesen Psalm und seine berühmte Nachdichtung – und das heißt: über Gottes Stärke und unsere menschliche Schwäche – nachdenken. Gedankenlos sollte das jedenfalls niemand nachsprechen oder mitsingen. Es ist ja wahrhaftig nicht selbstverständlich, dem zuzustimmen oder gar in die hochgemute Aufforderung einzustimmen, mit der Luthers Choral schließt: *Nehmen sie den Leib, Gut, Ehr, Kind und Weib, laß fahren dahin!*

Das Reich muß uns doch bleiben – fügt Luther hinzu. Doch wer will schon das Reich Gottes um diesen Preis? Und was ist das für ein Reich, dessen Symbol eine Festung ist?

Offensichtlich ein Reich, das sich behaupten muß gegen Angriffe. Und ein Reich, das sich erst noch durchsetzen muß gegen mächtige Widersacher, die mit *groß Macht und viel List* am Werke sind, *grausam* am Werke sind, wie Luther präzisiert. Es erscheint paradox, aber offensichtlich bleibt das selbst dem allmächtigen Gott nicht erspart: sich selbst behaupten, sich erst noch durchsetzen zu müssen auf Erden. Zuviel *spricht* gegen ihn. Und zuviel *wirkt* gegen ihn. Zu viele klagen ihn an. Und zu viele greifen ihn an. Dagegen muß, nein: dagegen will er sich behaupten. Aber wie?

II Wie setzt sich Gott durch und wie behauptet er sich in einer Welt, in der soviel gegen ihn spricht und gegen ihn tätig ist? Nun, jedenfalls nicht so, wie sich Mächte und Großmächte auf Erden sonst wohl durchzusetzen pflegen. Es war ein böses Mißverständnis, als man Gottes Willen zur Selbstbehauptung so verstanden hat, daß er ein ausgesprochen martialisches menschliches Echo fand. Auch Luthers Choral, der früher am Reformationstag in allen evangelischen Gemeinden erklang, auch dieses geistliche Lied sang man nicht selten mit allzu vielen weltlichen Untertönen und Nebentönen: schon ganz äußerlich viel zu laut und etwas reichlich ahnungslos. *Ein feste Burg ist unser Gott,* aus protestantischen deutsche Kehlen gesungen, das hörte sich nur zu oft so an wie: *Es braust ein Ruf wie Donnerhall, wie Schwertgeklirr und Wogenprall.* Man dachte dabei wohl an eine Burg, deren bloßer Anblick schon den Menschen Stärke gibt, die in ihrem Schutze leben: an ein Bollwerk, mit dem man sich identifizieren kann, um so selber stark zu werden.

Offensichtlich braucht auch die menschliche Seele solche Bollwerke, mit denen sich das schwache

Ich identifizieren kann, um sich am Ende selbst für eine kleine Festung zu halten: gerüstet, trotzig, furchtlos, uneinnehmbar. *Gut gerüstet* mit allen Tugenden des bürgerlichen Lebens, *trotzig* gegenüber allen faulen Kompromissen, die der Alltag uns abverlangt, und nicht weniger *trotzig* gegenüber allen lustigen Versuchungen, die der Feiertag bereithält; kurz: ein steiler und *uneinnehmbarer* Charakter. *Und wenn die Welt voll Teufel wär und wollt uns gar verschlingen, so fürchten wir uns nicht so sehr, es soll uns doch gelingen.* Mitunter klang das in unseren Kirchen tatsächlich so, als wären auch wir evangelischen Christen, als wäre auch die evangelische Christenheit – die deutsche zumal – eine kleine Großmacht, deren bloßer Anblick schon denen, die dazugehören, Stärke und denen, die dagegen sind, wenn nicht einen gehörigen Schrecken, so doch gehörigen Respekt einflößt. Die evangelische Christenheit in Deutschland war ja denn auch einmal etwas, was sich sehen lassen konnte in dieser Welt.

Das ist heute anders. Von unserer evangelischen Kirche in Deutschland heute kann man das wahrhaftig nicht mehr sagen. Nicht einmal eine neue Grundordnung haben wir gemeinsam beschließen können. Der bloße Anblick der evangelischen Christenheit gibt jedenfalls niemandem Stärke, sondern reizt höchstens einige Journalisten zu ausgesprochen hämischen Kommentaren. Und auf den Gedanken, uns selbst für so etwas wie eine feste Burg zu halten, kommt heute keiner mehr. Luthers Choral wird denn auch kaum noch angestimmt. Der Protestant geniert sich. Zu viel Mißbrauch, zu viele Mißverständnisse haben uns empfindlich gemacht.

Wir genieren uns wohl auch gegenüber unseren katholischen Schwestern und Brüdern, den christlichen Glauben mit einem Kampflied der Reformation zu bekennen. Es könnte verletzen oder doch abstoßen – wie eben der Anblick einer waffenklirrenden Festung den Gegner abstoßen und den Angreifer verletzen soll. Und so hört man denn Luthers Echo auf den 46. Psalm in den evangelischen Gemeinden immer seltener. Und fast will es scheinen, als ob in unserem ökumenischen Zeitalter eher noch der Papst im Vatikan – oder gar sein abtrünniger Bischof Lefèbvre auf seiner Wanderschaft, wer weiß? – das singen läßt: *Ein feste Burg ist unser Gott.*

Ich halte das für falsch. Unsere Hemmungen in Ehren! Sie haben ihre verständlichen Gründe. Dennoch sind diese Hemmungen falsch. Aus ihnen spricht im Grunde dieselbe Ahnungslosigkeit, die dazu geführt hat, im Selbstbehauptungswillen Gottes das Spiegelbild der eigenen Selbstbehauptung zu erkennen und dann den Choral zu singen wie einen Militärmarsch. In *beiden* Fällen denkt man sich Gott doch nur wie eine feste Burg, deren bloßer Anblick schon genügt. Genügte er den einen, um ihr Selbstwertgefühl zu steigern, so genügt er den anderen, genügt das militärische Bild uns heute, um sofort genug davon zu haben. Wir wollen keinen Gott mehr, der an Festungen erinnert und an *gute Wehr und Waffen.*

Doch nun hätten wir wirklich alles ganz und gar falsch verstanden, was der 46. Psalm sagen will und was Luther ihm nachgesagt hat, wenn wir uns mit der Ahnungslosigkeit abfinden wollten, die das großartige Bild von der festen Burg *nur* unter dem

Gesichtspunkt ihrer militärischen Uneinnehmbarkeit verstehen und unseren Gott demgemäß nur mit Wehr und Waffen assoziieren kann.

Am Schluß des Psalmes heißt es ausdrücklich, daß er, Gott, das Ende aller Waffen und aller Kriege ist. Er ist es, *der den Kriegen steuert in aller Welt, der Bogen zerbricht, Spieße zerschlägt und Wagen mit Feuer verbrennt.* Ein mächtiger Gott, allerdings. Aber seine Macht richtet sich gegen den Mißbrauch der Macht. Der unbeherrschten Macht in jeglicher Gestalt setzt er seine Herrschaft entgegen. Als ein Gott des *Friedens* will er sich durchsetzen und behaupten. Indem er den unbeherrschten Machthabern und Gewalten den Kampf ansagt, so und nur so will er Ehre einlegen auf Erden.

III Der Psalm nennt zwei Grundformen, zwei Urgestalten solcher unbeherrschten Macht, die sich mißbrauchen läßt: eine sozusagen anonyme und eine sehr genau benennbare Gestalt unbeherrschter Macht. Achten wir zunächst auf diese zweite Gestalt. Sie besteht in der spezifisch menschlichen, oder sagen wir besser gleich: in der spezifisch unmenschlichen Weise menschlicher Machtausübung, als deren Symbol hier die *kriegführenden Mächte* erscheinen.

Da ist zunächst der Krieg in allen seinen militärischen und paramilitärischen Formen. So, wie er nun seit Monaten mit *großer Macht* im einst so blühenden Libanon geführt wird. Aber auch so, wie er nun seit Jahren mit *viel List* und niederträchtiger Hinterlist in Nordirland am Leben erhalten wird. Sogar im Kittel des Arztes verkleidet haben am letzten Donnerstag in einer Augenklinik drei protestantische Mörder ihr Opfer erreicht: eine katholische Politikerin, die ihrerseits Mord und Totschlag propagierte. Und das alles unter Berufung auf den Gott, der doch genau umgekehrt den kriegführenden Mächten in dieser und jener Gestalt den Kampf angesagt hat. Und wer sich zu ihm bekennt, wird es ihm gleichtun müssen. Selbst wenn uns nur die ohnmächtige Form des Protestgeschreis übrig bleibt, über das die unbeherrschten Mächte hohnlächelnd hinweggehen, wir sollten dennoch wenigstens das Echo laut werden lassen auf die Stimme, mit der Gott selbst sein Friedensreich proklamiert.

Indem er das tut, wendet er sich aber genauso entschieden gegen den individuellen Kleinkrieg, mit dem wir uns auf mehr oder weniger zivile Art privat bekriegen. In Berlin hat man in der vergangenen Woche ein Zentrum für mißhandelte Frauen eröffnet, für Frauen, die von ihren Ehemännern physisch und psychisch so sehr mißhandelt werden, daß sie längst schon davongelaufen wären, wenn sie nur gewußt hätten, wohin mit sich selbst und wohin mit den Kindern, die unter einer geschlagenen Mutter oft sehr viel mehr noch leiden als diese selbst. Das Berliner Zentrum wird Tag und Nacht geöffnet sein, damit die geschundenen Frauen und ihre verstörten Kinder eine Zuflucht haben. Eine Zuflucht, in der sie vor der unbeherrschten Macht ihrer Männer sicher sind.

Genau das ist auch gemeint, wenn unser Gott eine feste Burg genannt wird. Wer an eine solche *Stätte der Zuflucht* denkt, in der man vor den unbeherrschten Mächten sicher sein kann, der wird das nicht mehr ahnungslos singen: *Ein feste Burg ist unser Gott, ein gute Wehr und Waffen.* Denn das ist nun eben nicht ein Gemäuer bloß zum Anschauen, ein Bollwerk, dessen bloßer Anblick den Begaffern Stärke und Selbstbehauptungswillen zu geben scheint, sondern das ist eine Fluchtburg für in Not Geratene. *Er hilft uns frei aus aller Not, die uns jetzt hat betroffen* – das ist der Kommentar, der die Ahnungslosigkeit beendet. Wenn Luther mit dem Psalmisten Gott eine Burg nennt, dann eben im Blick auf solche Menschen, die für die Burg selbst zunächst gar keinen Blick übrig und zum Begaffen schon gar keine Zeit haben, weil sie einzig und allein daran interessiert sind, so schnell wie möglich das Tor zu erreichen, durch das man hineingelangt in die Stätte der Zuflucht. *Ein feste Burg ist unser Gott* – ja! Aber nicht um uns abzuschrekken, sondern um uns zu locken, daß wir zu ihm unsere Zuflucht nehmen in allen Nöten und uns ihm anvertrauen. *Ein gute Wehr und Waffen* – ja! Aber ausschließlich für Menschen, die sich selbst nicht mehr verteidigen können und sich deshalb, wenn sie psychisch oder physisch überleben wollen, irgendwohin retten müssen. »Wir sind noch einmal davongekommen« – *darauf* reimen sich die *feste Burg* und *gute Wehr und Waffen!* Und das hört sich anders, sehr anders an als ein *Ruf wie Donnerhall, wie Schwertgeklirr und Wogenprall.* Zwar ist die feste Burg durchaus das Symbol des Selbstbehauptungswillens *Gottes.* Doch Gott will sich *mit seiner Hilfe* behaupten. So und nicht anders. Seine Liebe will er durchsetzen, nichts anderes als allein seine Liebe. Für seine Liebe setzt er seine Allmacht ein, für sie allein.

IV Mit ihr kommt er dem Menschen auch gegenüber der anderen, der anonymen Gestalt unbeherrschter Macht zu Hilfe, die unser Psalm sogar an erster Stelle nennt. Die Bibel kennt so etwas wie namenlose und herrenlose Gewalten, die – unbeherrscht wie sie sind – nicht nur ein konkretes Menschenleben, sondern alles Leben, die nicht nur das Einzelne, sondern das Ganze in Frage stellen. Unser Psalm beschreibt diese dunklen unbeherrschten Gewalten mit Bildern aus der Zeit der großen Urflut, als die Flüsse über ihre Ufer traten und das Meer wütete, so daß nicht nur ganze Landstriche überspült wurden, sondern sogar die Berge in tobenden Wassern untergingen. Es war *kein Unterschied* mehr zwischen Wasser und Festland. Das soll zweifellos an den Uranfang erinnern, an die Entstehung der Welt aus dem Chaos.

Israel hat die Erinnerung an die dunkle und verworrene Herkunft unseres irdischen Lebens aus diesem Tohuwabohu niemals vergessen. Wo Tohuwabohu herrscht, da ist in der Tat kein wohltätiger Unterschied. Und wo man nichts mehr voneinander unterscheiden kann, da kann man sich auf nichts verlassen, weil alles hoffnungslos durcheinander geht. Die Wohltat der Unterscheidung von Himmel und Erde, Wasser und Festland erst hat die Welt bewohnbar gemacht. Daß es einen solchen wohltuenden Unterschied gibt, daß man also festen Boden unter den Füßen hat und sich darauf verlassen kann, wenn man ihn betritt, um sich zu bewegen und voranzukommen, kurz: daß man *auf etwas bauen* kann in dieser Welt – das versteht sich für den Glauben nicht von selbst. Der Glaube Israels verstand das alles als Ausdruck der Verläßlichkeit Gottes, der kein Chaos will und der deshalb auch den chaotischen Gewalten den Kampf ansagt, wo immer sie auftreten werden. Israel scheint einen letzten Aufstand der chaotischen Mächte und unbeherrschten Gewalten erwartet zu haben. Das Leben dieses Volkes ist von Anfang an bis zum heutigen Tag begleitet von der Erinnerung an den chaotischen Hintergrund allen Lebens.

Und irgendwie begleitet diese Erinnerung auch uns. Zumindest eine dunkle Ahnung ist da, wenn wir sie auch oft nicht artikulieren können. Erst das Tohuwabohu, das wir selber anrichten, erst das Chaos, das wir Menschen im kleinen und nun eben doch auch in immer größeren Ausmaßen selber hervorbringen, gibt uns plötzlich die schreckliche Gelegenheit, deutlich zu werden. Wenn der dunkle Hintergrund der anonymen unbeherrschten Mächte und der nicht weniger dunkle Vordergrund unserer eigenen Machenschaften *eines* werden, wenn wir selber als mehr oder weniger unfreiwillige Komplizen der unbeherrschten Gewalten dastehen, dann finden wir Worte. Denn dann wird die Ahnung zur Angst vor sehr genau berechenbaren Ereignissen. Da sprechen dann die verheerenden *Natur*katastrophen in Norditalien, für die kein Mensch etwas kann, und die verheerende *künstliche* Giftgaswolke im selben Land, für die der Mensch sehr wohl etwas kann, eine erschreckend ähnliche Sprache. Da greifen die sich selbst entzündenden Feuer und die Brände, die von Menschenhand gelegt werden, aufeinander über. Und unsere technische, ökonomische und politische Herrschaft über die Erde gewinnt Züge, die den anonymen Fratzen der unbeherrschten elementaren Gewalten beängstigend gleichen. Der verstorbene Bundespräsident Gustav Heinemann hat gegen Ende seines Lebens mehrfach die Sorge geäußert, unsere Welt könnte unregierbar werden. Sie wird es bestimmt, wenn wir nicht aufhören, dem Tohuwabohu Gelegenheit zu geben, zurückzukehren.

Der Psalmist rechnet sehr ernsthaft mit dieser Möglichkeit, wenn er an die tobende Urflut erinnert, die zurückkehren und das Chaos mit sich bringen könnte. Luther hat diese Möglichkeit sogar sehr konkret kommen sehen, als er die chaotische Gewalt personifizierte: *Der alt böse Feind, mit Ernst er's jetzt meint. Groß' Macht und viel List sein grausam Rüstung ist. Auf Erd' ist nicht seinsgleichen.* Wir reden heute nicht mehr so. Aber die ungeheure Gefährdetheit unseres Lebens spüren wir kaum weniger, ja im Spiegel unseres eigenen Könnens eher noch mehr. Und so kommt es zu der paradoxen Situation, daß mit den Fähigkeiten und Leistungen des Menschengeschlechts auch die Angst wächst. Daseinsangst, Lebensangst ist geradezu ein Kennzeichen unserer Zeit geworden.

V Um ihr zu entfliehen, wählen immer mehr Zeitgenossen die Flucht in alle nur möglichen Bollwerke, die Sicherheit versprechen und in denen man wenigstens für eine Weile zu vergessen hofft, wie gefährdet unser Leben ist. Und wenn dann doch ein Bollwerk nach dem anderen zerstört wird oder auch einfach von innen heraus zerfällt, wenn sich die – sei es ideologischen, sei es pharmakologischen – Rauschmittel als zu schwach erweisen und man sich wieder allen Gefahren ungeschützt ausgesetzt fühlt, dann lockt nicht selten die Flucht in das scheinbar letzte Bollwerk, aus dem bestimmt niemand zurückkehrt, dann lockt die Flucht in den Tod. In der Bundesrepublik zählt der Selbstmord zu den zehn häufigsten Todesursachen. Und unter denen, die Hand an sich legen, wird nicht nur die Zahl der Studenten, sondern auch die der Kinder immer größer. Schon sie, die das Leben doch erst erobern sollen, sind vor dem Leben auf der Flucht. Das ist ein schrecklicher Spiegel unseres Daseins. In ihm spiegeln sich unser aller Lebensverhältnisse, und keiner von uns weiß, ob sie ihn nicht auch irgendwann dazu verführen oder gar nötigen, vor dem eigenen Leben, vor sich selber also die Flucht zu ergreifen.

Für alle aber, die gnädig davon verschont worden sind, ist es Christenpflicht, Stätten der Zuflucht aufzubauen, in die man sich wenigstens auf Zeit retten kann vor den unbeherrschten Mächten sowohl in fremder Gestalt wie in Gestalt des eigenen Lebens. Wir brauchen solche Zufluchtsstätten wie das Haus für geschlagene Frauen in Berlin. Eine Stätte der Zuflucht – das sind jedoch keineswegs nur Häuser aus Stein. Eine Stätte der Zuflucht – das ist zum Beispiel auch die tapfere Frauenbewegung in Nordirland, die es wagt, inmitten eines politischen Tohuwabohu den Frieden zu ertrotzen. Heil ihnen! Eine Stätte der Zuflucht – das kann *jeder von uns* sein oder doch werden. Ja das kann sogar ein fliehender Mensch für den anderen werden: vielleicht allein schon dadurch, daß da der eine den anderen fragt, *wohin* man sich denn retten, *wohin* man denn fliehen kann, daß man könnte bleiben.

Alle diese vergänglichen Zufluchtsstätten, die wir – hoffentlich! – bauen und ausbauen und die wir sogar selber sein können, mögen dann auch als Hinweise und Gleichnisse dienen für die eine und unvergängliche Zuflucht, die wir nicht erst bauen müssen und die wir selbst niemals werden ersetzen können, weil sie, sie allein, immer schon da ist und ewig da sein wird. Da nämlich, wo wir selber bauen und helfen können, da segnet er unser Tun, auf daß die Stadt Gottes fein lustig bleibe mit ihren Brünnlein. Erst recht aber da, wo es mit unserer Macht nicht mehr getan, wo mit unserer Macht wirklich gar nichts mehr zu machen ist: da wartet auf uns unser Gott als eine *feste Burg,* uneinnehmbar für jeden Verfolger, aber weit geöffnet für jeden, der *in* diesem Leben oder gar *aus* diesem Leben auf der Flucht ist. Wer zu ihm seine Zuflucht nimmt, der *sucht* nicht nur, der *findet* für diesmal ausnahmsweise sein Heil in der Flucht.

Liebe zur Wahrheit

Nach den Vorlesungsstörungen
bei Wiederaufnahme des Kollegs am 8. Dezember 1976

Meine Damen und Herren!

Ich möchte in dieser ersten Vorlesungsstunde nach den massiven Störungen des Lehrbetriebes eine sehr persönliche und sehr sachliche, eine in ihrer Sachlichkeit unvermeidbar persönliche Erklärung abgeben, die ich Sie in Ruhe anzuhören bitte.

Diese Vorlesung war auf dem Wege, eine Antwort zu suchen auf die Frage: Was ist Liebe? Bevor wir unseren durch die Vorgänge der letzten zwei Wochen unterbrochenen Gedankengang wieder aufnehmen und fortzusetzen versuchen, werden wir uns wohl oder übel auf *die nun entstandene Situation* besinnen müssen, in der wir gemeinsam weiterarbeiten, und das heißt: gemeinsam weiterdenken wollen. Eine solche Besinnung ist notwendig, weil es keineswegs allein von unserem Wollen abhängt, ob ein – noch dazu so empfindlich – gestörter Gedankengang wieder in Gang kommt. Gedanken sind nun einmal sehr verletzliche Gebilde. Und Gedankengänge haben ihren eigenen, höchst empfindsamen Rhythmus. Sie sind alles andere als »ewige Wahrheiten«, die man jederzeit abrufen kann. Und sie sind erst recht etwas anderes als politische Halbwahrheiten, die man jederzeit aufsagen kann. Gedankengänge wollen argumentieren. Argumentieren kann man aber nur mit Menschen, die eben dazu auch *bereit* sind. Und die Bereitschaft zur Argumentation kann blockiert werden. Es gibt darüber hinaus Blockaden des Gedankenganges, die nicht einfach durch einen Willensakt und auch nicht allein durch Pflichtbewußtsein aufgehoben werden können. Daß die Bereitschaft zur Argumentation in den letzten Tagen oft fehlte, haben wir in zum Teil bestürzender Weise erlebt. Darüber könnte man indessen hinweggehen, indem man seiner Pflicht folgt. Daß an die Stelle fehlender Bereitschaft zum Argumentieren jedoch die für den Augenblick allemal erfolgreichere Ausübung von Gewalt getreten ist, hat nun allerdings zu einer Situation geführt, in der es uns allen nicht zukommt, fortzufahren, als wäre nichts geschehen.

Ich für meinen Teil *kann* das gar nicht. Die Blockade, die durch die Vorgänge am Fachbereich in dem Gedankengang entstanden ist, den diese Vorlesung zu gehen im Begriffe war, diese Blockade ist viel zu groß, als daß ich ohne eine Besinnung auf die nun entstandene Situation auf dem eingeschlagenen Denkweg fortschreiten und vorankommen könnte. Jeder von Ihnen, der es einmal versucht hat – und ich hoffe, Sie haben das alle mehr als nur einmal versucht –, sich seines eigenen Verstandes zu bedienen und also *selber* einen Denkweg zu bahnen, *selbst* einen Gedankengang zu gehen, der weiß, daß es dazu einer inneren Spannung, eines intellektuellen τόνος bedarf, der schon durch jede Hypertonie und Hypotonie äußerst gefährdet wird, durch *äußere* Lädierungen jedoch für immer zerstört werden kann. Eine Vorlesung *ohne* einen solchen τόνος des Geistes zu halten ist zwar ohne weiteres möglich. Aber sie ist dann auch danach. Ich möchte das um Ihretwillen *und* um meinetwillen nicht tun. Und eben deshalb halte ich eine Besinnung auf die nun entstandene Situation in unserer Universität für unerläßlich. Sollen wir *fruchtbar* den Gedankengang über die Liebe fortsetzen können, dann muß die Situation derart zu verarbeiten wenigstens begonnen werden, daß beim Lehrenden und bei den Lernenden die geistige Spannung, der τόνος der Vernunft sich wieder einstellt, ohne den der sogenannte akademische Lehrbetrieb zu jener pseudopädagogischen Manier verkümmert, in der nicht wenige Hochschullehrer mit den Studenten »Universität« *spielen.* Ich halte nicht zuletzt diesen pseudopädagogischen Verkehr zwischen Lehrenden und Lernenden schon auf den Schulen, erst recht aber auf der Universität für einen – nicht den einzigen – entscheidenden Grund dafür, daß unter den Studierenden die Angst wächst, die dann nur zu leicht zu einer ganzen Kette von Fehlverhaltungen führt. Angst ist nun einmal ein schlechter, ein verhängnisvoller Ratgeber. Wo Angst herrscht, da fehlt die offensichtlich gar nicht so einfache und gar nicht so selbstverständliche Bereitschaft, sich nicht selber zu belügen, sich nicht selber zu narkotisieren oder dazu verführen zu lassen. Aus vielen studentischen Äußerungen habe ich den Eindruck gewonnen, daß Sie, statt die Ihnen in der Bundesrepublik Deutschland zustehende und rechtlich zugesicherte Freiheit wahrzunehmen und mit ihr *anzufangen* – nicht nur etwas anzufangen, sondern dies anzufangen: die Freiheit zu vermehren – daß Sie sich statt dessen auf das Defizit an Freiheit fixieren, das auch un sere Lebensverhältnisse und erst recht die Verhältnisse in anderen Weltgegenden bestimmt, und auf dieses Fehlende starren wie ein Kaninchen auf die Schlange, von der es getötet werden wird. Es hat etwas Deprimierendes an sich, wenn man sieht, wie – statt mit dem uns schon gegebenen Pfund zu wuchern – viele von Ihnen sich mit Wehleidigkeit und Larmoyanz selber narkotisieren, um nur ja nicht wahrnehmen zu müssen, welche Chancen Ihnen die politische Ordnung dieses Staates einräumt: auch und gerade durch seine Universitäten. Ich halte nicht wenige Vorgänge im Zusammenhang des sogenannten Streiks für Folgen ausgesprochener Selbstnarkotisierungen von Teilen der Studentenschaft. Und das hat nicht zuletzt seinen Grund in der durch die Universitäten geisternden Angst, die die ohnehin enorme individuelle und kollektive Schmerzempfindlichkeit Ihrer Generation noch einmal steigert. Angst und Schmerz werden gern betäubt. Ich habe jedoch den Eindruck, daß Sie Ihre Angst und Ihre Schmerzen dadurch zu betäuben suchen, daß Sie sich darauf fixieren. Mich hat dies in der letzten Zeit an unserer Universität am meisten betroffen und nachdenklich gemacht, daß ich immer wieder auf Symptome der Angst stieß und in vielen Variationen stets aufs neue hören mußte: Wir haben Angst.

Nun ist Angst sicherlich nicht nur ein schlechter Ratgeber. Sie kann auch *eine Schutzfunktion* haben. In dieser Eigenschaft ist sie ein Zwilling der Hoffnung. Wer sich ängstigt, meldet eben dadurch ein Recht auf Zukunft an. Und deshalb haben wir zu fragen: Was sind das für Ängste, mit der Sie Ihr Recht auf Zukunft anmelden?

Sicherlich ist das zunächst die ganz äußerliche Angst um die soziale Sicherheit, um die finanzielle Durchführung Ihres Studiums. Und bei den Nichttheologen kommt wohl auch die Angst um einen Arbeitsplatz nach Studienabschluß hinzu. Begleitet werden diese Ängste von der Sorge vor politischer Entmündigung – ganz egal, ob dergleichen nun wirklich droht oder nicht. Ich verhehle nicht, daß ich die Handhabung des sogenannten Radikalenerlasses zum Beispiel bei der Anstellung von wissenschaftlichen Hilfskräften und Tutoren für ganz und gar nicht geeignet halte, solcher studentischen Sorge entgegenzuwirken. Man sollte dieser Absurdität ein Ende machen!

Über alle diese Ängste, denke ich, können wir uns verständigen.

Freilich gerade nicht so, wie es nun geschehen ist: nicht derart, daß Kategorien der Arbeitswelt innerhalb der Universität so zur Geltung gebracht werden, als ob die Studierenden auch nur entfernt etwas mit Arbeitnehmern zu tun hätten, während die Lehrenden gleichsam Arbeitgeber wären. Schon dem Vokabular des »Streiks« muß ich widersprechen. Was wir in den letzten Tagen erlebt haben, war kein Streik, sondern allenfalls dessen traurige Karikatur. Ich weise zudem noch einmal darauf hin, daß das, was hier auf Grund einer sogenannten Urabstimmung als »Streik« inszeniert worden ist, durch und durch rechtswidrig war. Jeder Jurist kann Sie darüber aufklären. Und Sie, meine Damen und Herren, tun gut daran, das Recht zu ehren. Sie wollen – und sollen! – es ja auch für sich in Anspruch nehmen. Auch wir Lehrenden werden Ihre Rechte verteidigen. Wir werden es selbst dann tun, wenn –

wie ich es aus dem Munde Ihrer Fachschaftssprecher selber hören mußte – die Fachschaften die Kooperation von Lehrenden und Lernenden nur deshalb beschworen haben, um diese Kooperation ad absurdum zu führen. Sie sollen wissen, daß trotz dieser Infamie die Professoren des Fachbereichs für Ihre berechtigten Forderungen tätig bleiben. Es gibt Ängste, die präzise und berechtigte Forderungen an die Zukunft anmelden und im Blick auf die etwas zu tun man zumindest versuchen kann.

Neben diesen einigermaßen klar identifizierbaren Ängsten habe ich eine ganz andere Angst bemerkt, die in, mit und unter jenen Ängsten wirksam ist. Ich könnte sie am ehesten beschreiben als die Angst des Studenten, ernst genommen zu werden. Vielleicht kann man sie auch nennen: die Angst davor, wirklich erwachsen zu sein. Denn der Erwachsene unterscheidet sich nicht zuletzt dadurch vom Kind, daß er *Unterschiede* zu *ertragen* vermag: vor allem solche Unterschiede, die eben dadurch, aber auch nur dadurch, daß sie ertragen werden, abgebaut werden. Die *Gemeinschaft* (universitas) von Lehrenden und Lernenden, die Universität, lebt von einem solchen Unterschied. Der Unterschied von Lehrenden und Lernenden kann nur dadurch abgebaut werden, daß er – lernend und lehrend – ertragen wird. Und davor, so scheint es mir, haben viele Studenten – aber wohl auch nicht wenig Lehrende – Angst.

Diese Angst ist das Produkt einer verhängnisvollen Pädagogik, die es geradezu darauf abgesehen hat, die Lernenden um den spezifischen Unterschied zu den Lehrenden zu betrügen, und die paradoxerweise – oder sollen wir sagen: konsequenterweise –

eben dadurch eine Reinfantilisierung der Studierenden bewirkt. Man *spielt* Gleichberechtigung im Lernprozeß und erzeugt dadurch eine unbewußte Infantilisierung, die zu dem Reifeprozeß des Studenten in einem eklatanten Mißverhältnis steht.

Ein bezeichnendes Beispiel ist Ihr Umgang mit dem Begriff der Solidarität, die immer dann beschworen wurde, wenn sich Argumente durchzusetzen begannen. Bei Kindern ist Solidarität ein nicht hinterfragbarer Selbstwert. Wer aus ihr ausbricht, gilt als »Petze« usw. Das ist auch ganz in Ordnung so, insofern sich Kinder auf diese Weise gegen die übermächtige Welt der Erwachsenen wehren. Sie tun es, indem sie sich ihre eigene Welt mit ihren eigenen sozialen Regeln aufbauen. Höchst problematisch wird die Unbefragbarkeit des Appells an die Solidarität jedoch beim erwachsenen Menschen. Für die Wissenschaft, für das Leben in der akademischen Gemeinschaft ist das sogar eine ganz unmögliche Haltung. Die Universität lebt von der kritischen Prüfung *aller* Werte. Dazu soll sie erziehen. In diesem Sinn gilt es zu prüfen, *womit* und *mit wem* man solidarisch zu sein aufgerufen wird. Gegenüber der sich als Selbstwert etablierenden Solidarität gilt nicht weniger als sonst die Devise wahrer Aufklärung: sapere aude – habe Mut, dich deines *eigenen* Verstandes zu bedienen. Wenn das nicht gewagt wird, bleibt es bei der Angst, aus der man in »die Solidarität« flieht, um in ihr nur wieder die eigenen Ängste zu bestätigen. Und dann entartet eben die durchaus sinnvolle und berechtigte Demonstration für mehr soziale und politische Freiheit, also auch für ein freieres Studium, zur Demonstration gewaltsamer Unterdrückung der

Freiheit der Lehre und damit der Freiheit des Lernens.

Was sollen wir nun tun? Wie können wir die Situation, in die wir – nicht durch Zufall, sondern durch konkret identifizierbare Schuld – geraten sind, so zu verarbeiten wenigstens anfangen, daß sich die intellektuelle Spannung wieder einstellt, die uns als universitas magistrorum et scholarium, als Gemeinschaft von Lehrenden und Lernenden, lehren und lernen, reden und aufeinander hören, kurz: Wege des Denkens gehen läßt?

Einem sich nahelegenden Wink, einem vom Thema unserer Vorlesung und unter Theologen ohnehin sich nahelegenden Wink, dem denn auch nicht wenige meiner Kollegen nachdrücklich das Wort reden, möchte ich *nicht* folgen: nämlich die Situation durch einen Appell an die Nächstenliebe zu bereinigen. Ich will nicht über die Lieblosigkeit klagen, in der man miteinander umgegangen ist, obwohl das allerdings beklagenswert ist. Ich will aber auch nicht an so etwas wie ein christliches Liebesgewissen appellieren, das meines Erachtens viel zu schnell immer dann bemüht wird, wenn es einmal hart auf hart geht. Von allen Kompromissen sind mir die unter Berufung auf das Liebesgebot ertrotzten Kompromisse die suspektesten. Denn hier wird man nur zu oft unter Druck gesetzt, unter einen quasitheologischen und quasimoralischen Druck gesetzt, *gegen die eigene Einsicht* zu handeln. Was aber nicht aus eigener Einsicht, sondern sogar gegen diese getan wird, das wird aus Unfreiheit getan. Es widerspricht dem Wesen der Liebe, zur Liebe gezwungen zu werden. Weil Liebe nur aus Freiheit geschehen kann, *deshalb* hat es gar keinen

Sinn, in einer so verfahrenen Situation zur Liebe zu mahnen.

Mit einer einzigen Ausnahme! Was uns *wirklich* weiterhelfen und was uns vielleicht sogar *allein* weiterhelfen kann in einer Situation wie dieser, das ist *die Liebe zur Wahrheit*. Die Liebe zur Wahrheit ist das Element, in dem die Universität als Gemeinschaft von Lehrenden und Lernenden ihr Dasein hat und ohne das sie unweigerlich zugrunde gehen wird. Die Liebe zur Wahrheit führt Sie und mich, führt Lernende und Lehrende zu einer Gemeinschaft – sui generis! – zusammen. Die Liebe zur Wahrheit macht die Universität zur universitas magistrorum et scholarium. Sie bildet nicht nur, sondern die Liebe zur Wahrheit ist es auch, mit Hilfe deren Sie ausgebildet, für ganz bestimmte Berufe ausgebildet werden. Sie ist deshalb auch das Medium, in dem wir uns verständigen können und müssen. Wir müssen, aber wir *können* uns auch in diesem unsere akademische Gemeinschaft konstituierenden Element verständigen. Das ist unsere genuine Möglichkeit.

In einer Situation wie dieser sind wir uns erst recht keine andere Liebe als allein die Liebe zur Wahrheit schuldig. Wer sich ihr verpflichtet weiß, ist ein gleichberechtigtes Glied der Universität. Mit ihm kann man reden. Wer sich der Liebe zur Wahrheit nicht verpflichtet weiß und nicht verpflichten lassen will, mit dem kann man auch nicht reden. Er ist ein Feind der Universität, den ich für meinen Teil ganz und gar nicht lieben will, sondern dessen Wahrheitsfeindschaft – wohlgemerkt nicht seine Person, wohl aber sein Wirken und Verhalten – ich von ganzem Herzen verabscheuen und unnachsichtig bekämpfen will, *damit* er sich zur Wahrheitsliebe bekehre.

Kampfparolen sind während der sogenannten Streiktage ja reichlich ausgegeben worden von Fachschaften und AStA-Vertretern. Um eine Quasikampfstimmung in der Universität zu erzeugen, war einigen von Ihnen ja jedes Mittel recht. Die Feinde der Universität, die Verächter der Liebe zur Wahrheit also – zwar nicht mit allen Mitteln, wohl aber eben mit Hilfe dieses einen Mittels der Liebe zur Wahrheit – in der Tat *zu bekämpfen,* das halte ich für die uns allen auferlegte Pflicht. Und ich nehme Sie darin ernst, meine Damen und Herren, daß ich Sie auf diese unsere gemeinsame Pflicht auch öffentlich anspreche.

Ich habe mir in den vergangenen Tagen sehr ernsthaft überlegt, ob ich nicht diesen Lehrstuhl räumen, die Universität verlassen und meine Verantwortung als evangelischer Theologe in einem Pfarramt wahrnehmen sollte. Ich schätze die Universität und mein Lehramt hier hoch, sehr hoch. Ich liebe dieses Amt und habe alle meine theologische Arbeit, ja meine theologische Existenz ganz auf dieses Amt ausgerichtet. Sie auszubilden, mit Ihnen gemeinsam nach der Wahrheit des christlichen Glaubens zu fragen, dafür wollte und will ich da sein, dafür wollte und will ich *ganz* da sein. Ich will aber nicht halb dafür da sein, nicht so, daß es daneben dann anderes und wichtigeres geben könnte. Deshalb habe ich die Lehrveranstaltungen z. B. niemals meinen Forschungen und literarischen Plänen untergeordnet, sondern umgekehrt Forschung und Schriftstellerei ganz der Zusammenarbeit mit Ihnen zugeordnet. Mir fiel das nicht schwer, das war kein

Opfer, sondern ich ging davon aus, daß ich lehrend selber am besten lernen könnte und daß ich Ihnen dann am besten Lehrer sein würde, wenn ich Sie an meinen Forschungen nachdenkender- und mitdenkenderweise beteilige. Ich habe es um Ihretwillen immer für falsch gehalten, weniger anspruchsvoll zu lehren. Ich bin Ihnen dasselbe Niveau schuldig, das ich meinen Kollegen schulde, ohne Sie damit aus der Rolle der Lernenden zu entlassen. In diesem Sinne wollte und will ich ganz und eben nicht nur halb für Sie da sein: bis in die zeitliche Dimension meines Lebens hinein. In diesem Sinn schätze ich mein Lehramt und die Universität hoch – indem ich *Sie* als Studierende ernst nehme und Sie als Studierende hoch schätze. Ich kann aber die Universität, die von ihren eigenen akademischen Bürgern angeschlagen und lädiert wird, so hoch unmöglich schätzen, daß ich mich selber dazu verurteile, ihrer schrittweisen Zerstörung von innen heraus gleichgültig zuzusehen. Wenn ich erkennen müßte, daß ich in der Tat dazu verurteilt wäre, würde ich diesem geliebten Lehramt den Abschied geben und meinen Platz woanders als auf einem Lehrstuhl suchen und hoffentlich auch finden.

Ich formuliere das alles so persönlich, weil ich deutlich machen möchte, daß die Verpflichtung zur Wahrheitsliebe, die die Gemeinschaft der Lehrenden und Lernenden konstituiert und die an der Universität Bildung *und Ausbildung* steuert, nicht eine beliebige Zutat zu einem Menschenleben ist, sondern dieses ganz und gar bestimmt. In einem gewissen Zerrspiegel wird das ja auch durch den die ganze Person fordernden Einsatz derer bestätigt, die in den vergangenen Tagen die Universität lahmlegen und die Lehr- und Lernfreiheit lädieren zu müssen meinten ... Ich habe mir erlaubt, Sie ernst zu nehmen. Sie – damit rede ich sowohl diejenigen an, die den brutalen Abbruch des Seminars bewirkt haben, als auch diejenigen, die weiterarbeiten wollten, als auch diejenigen, die einfach nur zuschauen wollten, wie das wohl ausgeht.

Ich habe die Boykotteure ernst genommen, als ich im Rahmen des Seminarthemas – Freiheit eines Christenmenschen! – erneut über die Probleme eines freien Studiums zu diskutieren bereit war. Sie – und das waren weitgehend seminarfremde, ja fachbereichsfremde Studenten – haben dagegen akustischen Terror gesetzt. Sie haben damit demonstriert, was Ihnen das verfassungsmäßig garantierte Grundrecht der Lehr- und Lernfreiheit wert ist: Sie haben es mit Füßen getreten. Ich nehme Sie ernst, indem ich Ihnen kompromißlos widerspreche. Wer das Recht auf die Freiheit der Lehre und des Lernens außer Kraft zu setzen versucht, ist der schlechteste Anwalt der studentischen Interessen. Er bahnt den Weg zur Diktatur. Ich weiß, daß Sie eine solche Feststellung als ungerecht und unangemessen hart empfinden. Aber ich erspare Ihnen nicht, was ich für richtig halte ... Und ich nehme Sie ernst, indem ich Ihnen in aller Klarheit sage, daß ich das Recht auf Lehr- und Lernfreiheit gegen Sie verteidigen werde, solange ich an der Universität tätig bin. Die Mittel dazu sind beschränkt. Bevor wir nach Polizei und Staatsanwalt rufen – man mache jedoch diesen Ruf nicht leichtfertig verächtlich! –, sollten wir uns mit den wenigen Mitteln wehren, die die Universität selber hat. Ich habe jene Lehrveranstaltung eben deshalb nicht fortgesetzt.

Und damit habe ich zugleich diejenigen unter Ihnen ernst zu nehmen versucht, die dieses Seminar nicht gestört wissen wollten. Ich respektiere zwar Ihren Unmut und gestehe Ihnen gern, daß sich über jedes Mittel im Kampf um die Lehr- und Lernfreiheit streiten läßt – erst recht natürlich über ein scheinbar so paradoxes. Doch ich halte es für richtiger, den Gruppenegoismus des Seminars, den ich teile, hintanzustellen, um für alle Studenten des Fachbereichs deutlich zu machen, daß die Konsequenz der Behinderung der Lehr- und Lernfreiheit das Ende von Lehrveranstaltungen überhaupt sein wird, die Sie frei wählen können. Noch können Sie es. Es hängt nicht zuletzt von Ihnen ab, wie lange Sie es noch können. Wenn es Ihnen nicht gelingt, der Öffentlichkeit klarzumachen, daß die überwiegende Zahl der Studenten auch wirklich Studierende sind und daß Ihre berechtigten sozialen und hochschulpolitischen Forderungen keinen anderen Sinn haben, als Ihnen ein freies Studium zu sichern, bewirken Sie selbst den Abbau eines freien Studiums. Zu einem freien Studium gehört aber eben auch die Freiheit nicht nur des Lernens, sondern ebenso der Lehre. Das ist ein unteilbares Gut. So wie die Lehrenden auch die Freiheit des Lernens zu verteidigen haben, so haben die Lernenden auch die Freiheit der Lehre zu verteidigen. Das eine ist ohne das andere nicht zu haben . . .

Schließlich habe ich mir erlaubt, die Studenten, die sich in der Zuschauerhaltung gefallen, eben dadurch ernst zu nehmen, daß ich durch meine Entscheidung klarzumachen versuchte, daß es in Sachen Freiheit keine Zuschauer gibt. Wer nicht für die Freiheit Partei ergreift, der wirkt gegen sie. Ich habe – nachdem in den letzten Tagen soviel von den Ängsten der Studenten die Rede war, darf nun auch von meiner Angst die Rede sein – Angst davor, daß die Freiheit, die wir schon haben – und wir haben nicht wenig davon! – und die wir mehren müssen, wo immer wir können, verlorengeht, weil wir, statt mit ihr zu wuchern, uns verhalten wie jener faule und törichte Knecht im Gleichnis, der das ihm anvertraute Pfund vergrub. Ich habe Angst, daß dann der Ruf nach dem starken Mann wieder laut wird, weil wir mit unserem Pfund, weil wir mit der Freiheit, die wir schon haben, nicht zu wuchern wagten. Nicht die kleinen quasilinken Gruppen, die eine Woche lang Streik spielten und dabei Freiheitsrechte lädierten, wohl aber die untätig Zuschauenden rufen die Gefahr herauf, daß freiheitsfeindlicher Gewalt der Weg bereitet wird. Ich habe Angst vor den falschen Alternativen! Und *diese* Angst ist ausnahmsweise kein schlechter Ratgeber. Denn sie ruft dazu auf, uns nicht nur Freiheiten zu nehmen, sondern auch unsererseits Freiheit zu garantieren. In dieser Hinsicht dürfen wir den Staat nicht nur fordern, sondern sind wir selber Geforderte.

Meine Damen und Herren, wir sind in dieser Situation einander die Liebe zur Wahrheit schuldig. Ich bin bereit, mit jedem zusammenzuarbeiten, der das bejaht. Dazu gehört auch jeder, den ich dadurch ernst nehme, daß ich ihm widersprochen habe. Wie Sie umgekehrt die Möglichkeit haben, mich gegebenenfalls eben dadurch ernst zu nehmen, daß sie mir mit Gründen widersprechen oder aber auch – aber bitte ebenfalls mit Gründen – zustimmen.

Barmherzigkeit des Rechts - Recht der Barmherzigkeit

30. Januar 1977

Werdet barmherzig – wie euer Vater barmherzig ist! Und richtet nicht – dann werdet ihr nicht gerichtet werden! Und verurteilt nicht – dann werdet ihr nicht verurteilt werden! *Lukas 6, 36–37*

I Was wird uns da zugemutet? Was wird unserem Ich und was wird unserer Gesellschaft da zugemutet? Was wird mir da zugemutet, der ich doch in die Rolle des Richters so sehr verliebt bin, daß ich auch ohne die sichtbare Robe nur allzu gern zu richten und allzu leichtfertig zu verurteilen bereit bin? Doch vor allem: Was wird unserer Gemeinschaft, was wird uns allen gemeinsam da zugemutet, die wir ohne den Richter von Amts wegen sehr bald nur noch in den Trümmern einer Gesellschaft leben würden, die einmal hätte menschlich werden können? Und was wird uns an Stelle der sichtbaren und unsichtbaren Richterrobe angeboten? Das Kostüm eines allezeit nachsichtigen Narren, der Gerechtigkeit durch Barmherzigkeit ersetzt?

Es ist ganz zweifellos ein Rollenwechsel, ein gründlicher Rollenwechsel, der uns da zugemutet wird – nicht unähnlich den eigenartigen und faszinierenden Vorgängen, die wir jetzt eben zur Faschings- oder Fastnachtszeit wieder beobachten können. Jetzt schlüpfen sie ja wieder in die fremden Masken und Kostüme, in denen dann die eigene Identität nicht nur äußerlich verschwindet. Jetzt verwandelt sich Lieschen Müller aus Köln wieder in das Funkenmariechen und Herr Meier aus Aachen in den Tünnes oder den Schäl und, wer weiß, vielleicht auch in Württemberg der eine oder andere brave, stellenstreichende Landtagsabgeordnete in den durch Rottweil hüpfenden Federn-Hannes oder G'schell-Narr oder was weiß ich für einen Narren. Und in dieser Rolle, die das Kostüm ermöglicht und die Maske diktiert, wird nicht nur das Verhältnis zu den Menschen ringsum anders, die man zum Beispiel ungefragt und ungeniert recht drastisch anzureden und anzufassen wagt! Sondern in der Maske und im Kostüm verhalte ich mich auf einmal auch ganz anders zu mir selbst: Ich werde anders.

Ein solcher karnevalistischer Rollenwechsel dauert im besten Fall ein paar Tage. Dann kommt das alte und nur allzu vertraute Gesicht, dann kommt die eigene Identität wieder zum Vorschein. Dann springt der Herr Landtagsabgeordnete nicht mehr als Federn-Hannes oder G'schell-Narr durch Rottweil, sondern sitzt wieder mit dem stellenstreichenden Rotstift im Parlament. Und auch Lieschen Müller aus Köln ist nicht mehr das Funkenmariechen, sondern eben nichts anderes als Lieschen Müller. Spätestens am Aschermittwoch ist jeder wieder er selbst.

Darin unterscheidet sich nun der Rollenwechsel, den Jesus seinen Jüngern zumutet, vom närrischen Rollentausch: Der Wechsel, den Jesus uns zumutet, soll von Dauer sein; so, daß wir für immer aufhören zu richten und statt dessen barmherzig und barmherziger werden – barmherzig, wie der Vater im Himmel barmherzig ist.

II Man kann sich den Wechsel, der uns da zugemutet wird, gar nicht tiefgreifend genug vorstellen. Wenn nicht mehr gerichtet und verurteilt würde auf Erden, dann zerbräche ja wohl das letzte Band, das die Welt im Innersten zusammenhält. Das wäre das Ende aller Dinge, wenn nicht mehr gerichtet würde von Menschen über Menschen. Das wäre das Ende aller Dinge, wenn es neben den vielen anderen Instanzen und Institutionen unseres alltäglichen Lebens keine »letzte Instanz« mehr gäbe, bei der man sich sein Recht holen kann.

Sicherlich, es würde dann auch kein Mensch mehr von Menschen verurteilt werden. Es wäre vorbei mit der menschlichen Anmaßung, einen anderen Menschen wirklich beurteilen zu können. Es wäre vorbei mit der traurigen Pflicht, schuldige Menschen verurteilen zu müssen. Und es gäbe auch diese traurigsten Bauwerke menschlicher Zivilisation, es gäbe keine Gefängnisse mehr. Es gäbe kein gerichtlich angeordnetes Erschießungskommando mehr, wie es in den USA gerade reaktiviert wurde. Es würde niemand mehr »von Rechts wegen« hingerichtet.

Das Ende aller Dinge, das mit dem Ende des Richtens und Verurteilens hereinbräche, könnte also der Anfang des Friedensreiches sein, nach dem Israel und die Heiden auf je ihre Weise Ausschau hielten und nach dem auch wir uns noch immer sehnen. Es klingt ja wie ein Ausblick in das kommende Reich und insofern wie eine Erinnerung an das Paradies, es klingt wie eine Beschwörung paradiesischer Zustände, dieses: »Richtet nicht! Dann werdet ihr nicht gerichtet werden. Verurteilt nicht! Dann werdet ihr nicht verurteilt werden!« Es gäbe dann keine öffentlichen und privaten Ankläger mehr. Und auch alle Rechthaberei hätte für immer ein Ende. Die Leserbriefspalten des Schwäbischen Tagblatts blieben leer. Denn es hätte dann eben niemand mehr das Bedürfnis, über den jeweils anders Denkenden und anders Lebenden in der lokalen Klatschkolumne zu Gericht zu sitzen. Selbst Christen würden dann endlich, endlich aufhören, über Christen zu richten. Selbst die angeblich radikale Mehrheit der evangelischen Landessynode und die angeblich noch radikalere Minderheit der evangelischen Studentengemeinde würden dann – wie »fein und lieblich« sähe das aus! – als Brüder einträchtiglich beieinander wohnen. Ja, »fein und lieblich« – so *könnte* es sein, wenn nicht mehr gerichtet und wenn nicht mehr verurteilt wird.

III Es kann aber auch ganz anders sein. Das Ende aller Dinge, das eintritt, wenn kein Mensch mehr über Menschen zu richten wagt und kein Verbrecher mehr verurteilt wird, ein solches Ende könnte ein schreckliches Ende oder gar ein Schrekken ohne Ende sein. Da wurde vor wenigen Tagen die Bevölkerung von Braunschweig – und nicht nur sie – von Entsetzen gepackt, als in einem Haus dieser Stadt eine ganze Familie, Eltern und drei Kinder, von geldgierigen Verbrechern erdrosselt wurde. Und uns wird zugemutet, nicht zu richten und nicht zu urteilen? Wer sein Leben liebhat, bei dem wird eine solche Zumutung wenig Verständnis finden. Die Opfer sprechen dagegen. Jesu Aufforderung »Verurteilt nicht!« muß jedenfalls dem Einspruch der Opfer standhalten, wenn nicht am Ende der Mörder über die Opfer triumphieren soll. Es wäre ein schreckliches Ende aller Dinge, ja es wäre ein Schrecken ohne Ende, wenn auf Erden nicht mehr gerichtet und verurteilt würde, wenn es keine Richter mehr geben würde in Deutschland und anderswo.

Und das nicht nur deshalb, weil dann der Schuldige nicht mehr schuldig gesprochen würde und der Übeltäter ungestraft fortfahren könnte, Übles zu tun. Nicht weniger schrecklich ist ja auch die andere Seite der Sache: daß der Unschuldige dann kein Recht bekäme, daß also jene Praxis allgemein und weltweit würde, die schon jetzt in einem erschreckenden Ausmaß praktiziert wird und die man gar nicht genug anprangern kann. Die letzte Dokumentation des Evangelischen Pressedienstes berichtet über politische Gefangene, die gegen die Behandlung durch die Gefängnisleitung das zuständige Gericht angerufen haben. Sie wagten es, wenigstens in der Gefangenschaft Recht haben zu wollen. Doch das Gericht ließ wissen: »Beziehungen zwischen Gefangenen und Gefängnisleitung unterliegen keiner Gerichtsbarkeit.« Die Dokumentation über solche und ähnliche Vorgänge trägt den ebenso bezeichnenden wie erschreckenden Titel: »Als Kläger finden sie keine Richter.« Wir wissen, daß es nicht wenige Länder gibt, in denen gefangene Menschen keine Richter finden oder aber solche Richter, die durch und durch befangen sind, ohne sich je für befangen zu erklären. Auch Deutschland war einmal ein solches Land. Und wer das einmal am eigenen Leib und an der eigenen Seele erlebt hat, wer erfahren mußte, was es heißt, *keinen Richter zu haben,* der spricht schon in seiner bloßen Existenz unüberhörbar dagegen, daß die Menschheit sich vollends aus ihrer richterlichen Verantwortung davonstiehlt. Das traurige Dasein unzähliger Menschen in den verschiedensten politischen Gefängnissen erhebt Einspruch dagegen, indem es ganz im Gegenteil zum Himmel schreit: »Richtet doch! Sprecht doch um Gottes willen endlich Recht auf Erden!«

Jesu Aufforderung »Richtet nicht!« wird sich auch diesem Einspruch aussetzen müssen, wenn das Ende aller Dinge nicht das qualvolle Ende einer Welt sein soll, die an ihrer selbstverschuldeten Rechtlosigkeit elend zugrunde geht. Wir werden das alles wohl bedenken müssen, wenn wir der Aufforderung Jesu folgen und, statt zu richten und zu verurteilen, barmherzig werden wollen. Wir werden das alles auch nicht einen Moment vergessen dürfen, wenn wir nun noch einmal auf die Bibel hören und auf die in ihr sich durchgängig spiegelnde Erfahrung eingehen, daß alles menschliche Richten dennoch eine zutiefst zweideutige Sache ist.

IV Zutiefst zweideutig ist unser Richten schon deshalb, weil es nicht unfehlbar ist, so daß immer wieder erschreckende Fehlurteile gefällt werden. Zutiefst zweideutig ist es schon deshalb, weil ein so widerliches Verbrechen wie das von Braunschweig den ebenfalls widerlichen Ruf nach der Todesstrafe erneut laut und lauter werden läßt. Zutiefst zweideutig auch schon deshalb, weil die menschliche Rechtsprechung zu so beklemmenden Absurditäten führen kann wie in den USA, wo zum Tode verurteilte Verbrecher jahrelang nicht wissen, ob sie nun wirklich mit ihrem Leben büßen müssen. Einer von ihnen meinte jetzt, sich sein Recht auf Hinrichtung regelrecht einklagen zu müssen. Er bekam sein Recht. Und als er Recht bekam, dieses zutiefst zweideutige Recht darauf, von Amts wegen getötet zu werden, da konnte man immerhin ahnen, daß unser menschliches Richten nur ein Notbehelf ist: bitternötig zwar, aber eben doch nur ein bitternötiger Notbehelf. Indem wir richten, tun wir etwas, was wir zwar tun müssen, was wir aber eigentlich gar nicht können.

Denn eigentlich und ursprünglich ist das wirklich nicht unsere Sache. Eigentlich und ursprünglich ist Richten jener letzte Hoheitsakt, der alle irdische Machtausübung überbietet. Wer richtet, spricht allemal ein letztes Wort. Was der Richter sagt, ist definitiv. Endgültig und definitiv über Menschen urteilen, das kann jedoch kein Mensch. Eigentlich und ursprünglich ist es die Sache Gottes, Richter zu sein. Gott allein vermag definitiv zu sagen, *was* gut und *was* böse ist. Nur er allein kann deshalb auch endgültig entscheiden, *wer* gut und *wer* böse ist. Es war Schlangengeflüster, das den Menschen zum Griff nach dem Baum der Erkenntnis von Gut und Böse verführte. Es war Schlangengeflüster, das den Menschen mit der listigen Verheißung betörte: Wenn ihr das erkennen könnt, *was* gut und *was* böse ist, und wenn ihr dann also entscheiden könnt, *wer* gut und *wer* böse ist, dann werdet ihr sein wie Gott.

Wir sind es geworden. Wir haben uns an Gottes Stelle zu setzen gewagt: an die Stelle des eigentlich einzigen Richters. Und nachdem wir, nachdem der Mensch damit einmal angefangen hat, kann er und darf er von sich aus nicht mehr damit aufhören, gut von böse zu unterscheiden und eben auf seine Weise Richter über Menschen zu sein. Er *muß* nun wie Gott sein, ohne es doch jemals zu können. Das ist der böse Makel, der alles menschliche Richten so zutiefst zweideutig macht. Es ist der Fluch unserer Sünde, der uns zwingt, mit etwas fortzufahren, was wir doch so wenig können: eben Richter zu sein.

Nun müssen wir also auf unsere Weise letzte und endgültige Worte über unsresgleichen sprechen. Und was wir da tun, das weiß jeder, der einmal auch nur in dem scheinbar harmlosen Sinne »gerichtet und verurteilt« wurde, in dem wir unsere höchst privaten, aber keineswegs unmaßgeblichen Richtsprüche fällen. Da legen wir – genauso wie das die Richter von Amts wegen tun – einen Menschen fest auf das, was er getan hat. Wir legen ihn fest auf das, was er selbst und was die Verhältnisse aus ihm gemacht haben. Und das *ist* er nun für uns: ein Dieb, ein Ehebrecher, ein Scharlatan, ein Chaote und wie die Urteile alle heißen. Und indem wir so die Person des Gerichteten ganz und gar durch seine Vergangenheit definieren, sprechen wir ihm die Möglichkeit ab, neue Schritte, Schritte in eine neue Zukunft zu tun. Die Gefängniszelle des von Amts wegen Verurteilten demonstriert das schon ganz äußerlich. Die möglichen Schritte sind in ihr abgezählt: zwei, drei oder vier, und dann kommt die Mauer, an der jede weitere Möglichkeit ihr Ende findet. Auf allen Seiten immer wieder die Mauer, diese durch und durch möglichkeitsfeindliche Mauer: unterbrochen zwar von einem Fenster, durch dessen Gitterstäbe man ins Freie blicken, aber eben nicht ins Freie gelangen kann. Und nur zu oft wandert die Mauer, an der die Möglichkeiten einer neuen Zukunft scheitern, auch nach der Haftentlassung mit hinein in die »freie Welt«. Nicht selten umgibt den Haftentlassenen eine menschliche Mauer der Ablehnung, die noch härter ist als die aus Stein. An ihr scheitern neue Möglichkeiten und letzte Hoffnungen. Und der Gerichtete wird zum hoffnungslosen Fall.

V Doch jetzt gilt es aufzumerken, gilt es ganz besonders hellhörig zu sein. Denn wer davor Angst hat, wer befürchten muß, selber einmal gerichtet, verurteilt und so zum hoffnungslosen Fall zu werden, dem gilt Jesu Zumutung: »Richtet nicht! Verurteilt nicht!« Und nun wird deutlich, daß diese Forderung eigentlich eine herrliche Verheißung ist. »Richtet nicht! Verurteilt nicht!« – das ist im Interesse derer gesagt, die befürchten müssen, gerichtet und verurteilt zu werden. Und es ist auch im Interesse derer gesagt, die sich selber richten zu müssen meinen, die sich – aus welchen Gründen auch immer – selber verurteilen. Ihnen allen wird verheißen: »Dann werdet ihr nicht gerichtet, nicht verurteilt werden.« Dann nämlich, wenn wir Gott selbst und Gott allein Richter sein lassen. Wenn wir das wagen, dann entdecken wir nämlich, daß der ewige und eigentlich einzige Richter, der allein endgültig zwischen Gut und Böse zu unterscheiden vermag, daß dieser Richter es nun eben für *gut* gehalten hat, mich verlorenen und verdammten Menschen *freizusprechen*. Wenn »unser Gott kommt und die Himmel seine Gerechtigkeit verkündigen«, »wenn Gott selbst Richter sein wird« (Psalm 50), dann kommt und richtet der, »der dir alle deine Sünden vergibt und heilet alle deine Gebrechen, der dein Leben vom Verderben erlöst und dich krönt mit Gnade und Barmherzigkeit« (Psalm 103). Wenn unser Gott kommt und wenn er selber Richter sein wird, dann fallen die steinernen Mauern und die noch härteren menschlichen Mauern, die uns in unsere Vergangenheit einmauern. Wenn unser Gott kommt und sein endgültiges Wort über uns spricht, dann gibt es keine hoffnungslosen Fälle mehr.

Wenn? Ja, wenn!

Jesus hat genau das sich ereignen sehen. Er sah den Ankläger, den Satan, vom Himmel fallen wie einen Blitz. Er hat die Gemeinschaft gewährt, in der Gott kommt und als ewiger Richter unserem Richten und Verurteilen ein Ende macht. In seiner Gesellschaft, in der Gemeinschaft Jesu Christi, wir können auch sagen: in der christlichen Kirche, bei uns also – da soll und kann der fundamentale Rollenwechsel möglich werden, der es uns erlaubt, aus richtenden und verurteilenden *barmherzige* Menschen zu werden. Wohlgemerkt: Jesus wendet sich mit der Zumutung dieses Rollenwechsels an seine *Jünger,* an seine Kirche, an uns und eben nicht an die Amtspersonen der Welt. Denen, die in der Gemeinschaft mit ihm leben oder doch leben wollen, ihnen und nur ihnen mutet Jesus Christus zu, nicht zu richten und nicht zu verurteilen. *Außerhalb* seiner Gemeinde wird das menschliche Richten und Verurteilen weitergehen als ein bitternötiger Notbehelf. Wir brauchen gerechte Richter in Deutschland und anderswo, wenn das Ende der Welt nicht ein Schrecken ohne Ende sein soll. *Außerhalb* der Gemeinde Jesu Christi wird der Mensch also weiterhin wie Gott sein müssen, ohne es zu können.

VI Außerhalb – innerhalb? Das kann niemanden befriedigen. Es kann sich vor allem die christliche Gemeinde selbst mit dieser Unterscheidung von »innerhalb« und »außerhalb« nicht zufriedengeben. Das wäre eine schlechte Kirche, das wäre eine faule Christenheit, die das Leben der Welt sich selbst überließe. Das wäre ein miserabler Christ, der sich vor der Welt – und sei es auch nur »ohne Haß« – verschließt. Nein, die Gemeinde Jesu Christi wird ihrerseits alles tun, damit der Unterschied zwischen »außerhalb« und »innerhalb« *von innen heraus* aufgebrochen und relativiert wird. Darauf kommt es freilich an: von innen heraus! Alles andere wäre Gewalt oder im besten Fall Krampf.

Innen jedoch, in der Gemeinschaft mit Jesus Christus also, wird uns nun aufregenderweise noch einmal zugemutet, *wie Gott* zu werden. Nun freilich nicht mehr so, daß wir nur Gottes *Amt*, sondern so, daß wir Gottes *Herz* erreichen: Im Herzen – da bin ich ich selbst. Im Herzen – da ist Gott er selbst. »Werdet barmherzig, wie euer Vater im Himmel barmherzig ist!«

Nun ist es alles andere als Schlangengeflüster, wenn ich noch einmal sage: Ihr werdet, wir werden sein wie Gott. Dadurch nämlich, daß wir barmherzig werden, wie unser Vater barmherzig ist. Und es ist erst recht alles andere als Schlangengeflüster oder auch nur Faschingsleichtsinn, wenn ich euch rate: Werdet vor allem zuerst einmal barmherzig gegen euch selbst. Ihr könnt auch eurem Mitmenschen gar keinen besseren Gefallen tun. Denn alle hartherzige Selbstgerechtigkeit, die den anders Denkenden richtet und den anders Lebenden verurteilt, alle hartherzige Selbstgerechtigkeit ist nur der verzweifelte Ausdruck fehlender Barmherzigkeit gegen sich selbst. Fangt also um Gottes willen an, zunächst gegen euch selbst ein wenig barmherzig zu werden! Seid euch selber gut! Dann werdet ihr auch gut gegen eure Nachbarn zur Linken und zur Rechten. Und die selbstgerechten christlichen Leserbriefe hören dann ganz von selber auf. Denn wer sich selber Gottes Gnade gönnt, der wird sie auch keinem anderen Menschen verwehren. Deshalb: Gnade sei mit euch und Friede von Gott, unserem Vater, und unserem Herrn Jesus Christus.

Zur Wahrheit dem Recht verhelfen

6. März 1977

Siehe, das ist mein Knecht. An dem halte ich fest. Das ist mein Erwählter. An dem habe ich Wohlgefallen. Ihm habe ich meinen Geist gegeben, daß er Recht unter die Völker bringe. Er wird dabei weder schreien noch rufen noch seine Stimme auf der Gasse hören lassen. Geknicktes Rohr wird er nicht zerbrechen. Und glimmenden Docht wird er nicht auslöschen. Zur Wahrheit wird er dem Recht verhelfen. Und so wird er selbst nicht verglimmen und nicht zerbrechen, bis er auf Erden das Recht durchgesetzt hat und auch die entferntesten Inseln seiner Weisung harren.

Jesaja 42, 1–4

I In der Passionszeit erinnert die Kirche an eine der geheimnisvollsten Gestalten der biblischen Geschichte. Und nicht nur der biblischen Geschichte. Denn der Gottesknecht, von dem die Rede ist, soll Gottes Recht, und das heißt ein neues Recht, auf der ganzen Erde durchsetzen. Die Kirche erinnert an diese geheimnisvolle Gestalt, indem sie von ihr erzählt. Aber sehr viel gibt es da nicht zu erzählen: Die Geschichte des Gottesknechtes besteht einfach darin, daß er geknicktes Rohr nicht zerbrechen und glimmenden Docht nicht auslöschen wird. So wird er Recht unter die Völker bringen.

Keineswegs nur in Israel, sondern unter allen Völkern soll er wirksam werden, so daß selbst die entferntesten Inseln noch zu seinem Einflußbereich gehören. Sein Auftreten hätte also ein großes Ereignis sein müssen.

Wenn Recht unter die Völker gebracht wird, ist das immer ein großes Ereignis. Und wer das tut, der macht sich einen Namen für lange Zeit, vielleicht für alle Zeiten. Als Mose die zehn Gebote unter das Volk Gottes gebracht hatte, da war das ein großes Ereignis, das für immer mit seinem Namen verbunden bleiben wird. Und so haben sich auch in anderen Völkern Könige und politische Führer damit einen Namen gemacht, daß sie Gesetze gegeben, daß sie Recht gesetzt haben.

Ein großes Ereignis also müßte das sein und mehr noch, wenn ein Mensch dazu erwählt wird, Gottes Recht unter alle Völker zu bringen. Doch der Gottesknecht hat sich keinen Namen gemacht. Niemand kennt ihn. Er ist unbekannt. Und auch sein Auftreten widerspricht so ziemlich allem, was ein großes Ereignis auf Erden auszeichnet.

Große Ereignisse werfen ihre Schatten voraus. Man spürt es an allen möglichen Symptomen, daß etwas Großes bevorsteht. In Tübingen zum Beispiel wirft der 500. Geburtstag der Universität unverkennbar seine Schatten voraus. Nach den Schatten zu urteilen, kündigt sich da sogar ein besonders großes Ereignis an. Und wenn es dann soweit ist, werden wir auch die Großen im Lande hier begrüßen dürfen. Ein wohlüberlegtes Protokoll wird dafür Sorge tragen, daß sie die nötige Beachtung finden. Auch die Großen der Erde werfen ihre Schatten – wenn auch nicht nur voraus. Sie brauchen ihren großen Auftritt. Und das ist ganz in Ordnung so. Zu einem großen Ereignis gehört die große Szene.

Nichts von alledem jedoch paßt zu dem Gottesknecht, der Gottes Recht unter die Völker bringt. Zu diesem Ereignis gehört kein großer Auftritt, keine große Szene. Er macht nicht eigens von sich reden, der Knecht Gottes. Man hört ihn weder schreien noch rufen. In der Öffentlichkeit ist nichts von ihm bekannt. Und er tut nichts, um sich ihr bekannt zu machen. Seine Stimme fehlt im Wettstreit der öffentlichen Selbstempfehlungen. Kein Wunder also, daß ihn niemand kennt.

Doch gerade in seiner Unbekanntheit ist er Gottes Mann, zieht er Gottes Wohlgefallen auf sich. Und deshalb gibt es eine ganze Reihe von Liedern, die die unbekannte Person besingen. Sie besingen eine geheimnisvolle Gestalt. Ihr Geheimnis liegt gerade in der Anspruchslosigkeit und Selbstverständlichkeit, mit der sie ihre große Aufgabe verrichtet und Gottes Recht unter die Völker bringt. Es ist also kein dunkles Geheimnis, das den unbekannten Gottesknecht umgibt, sondern – wenn ich so sagen darf – ein helles, ein lichtes Geheimnis. So wie der täglich neue Aufgang der Sonne! Dieses für den ganzen Tag wichtigste Ereignis des Tages geschieht ja auch ganz selbstverständlich und bleibt dennoch ein unerhörtes Geheimnis. Ohne jede Ankündigung läßt sie Tag für Tag neu ihr Licht aufstrahlen – ganz selbstverständlich und doch gerade so ganz geheimnisvoll. Da ist nichts Dunkles, nichts Verworrenes, sondern da ist nur das helle Geheimnis des Selbstverständlichen.

II Das gilt erst recht für den unbekannten Gottesknecht und das, was er tut. Wir hörten schon: Er bringt Recht unter die Völker. Doch unser Lied sagt noch mehr. Es ist ein *neues* Recht, das da unter die Völker gebracht wird. Und dieses neue Recht unterscheidet sich von dem alten Recht, das es bei den Völkern vorfindet, dadurch, daß es in jedem Fall und um jeden Preis der Wahrheit die Ehre gibt. »Zur Wahrheit wird er dem Recht verhelfen« – so beschreibt unser Lied die Wirksamkeit des Gottesknechtes. Zur Wahrheit dem Recht verhelfen – das klingt etwas abstrakt. Aber das klingt nur so. Was das heißt, das konnten, nein, das mußten wir in der letzten Woche lernen, als wir erfuhren, daß ein gewissenhafter Minister es für Rechtens hält, wenn von Staats wegen in das Haus eines verdächtigen Bürgers eingebrochen wird, um ein Abhörgerät einzubauen, über das man ihn belauschen kann. Der Vorgang zeigt, wie sehr auch in unserem freiheitlichen Rechtsstaat das Recht mit der Wahrheit im Streit liegen kann.

Denn wahr ist, was widerspruchslos und verläßlich ist. Was wahr ist, braucht das Licht nicht zu scheuen. Es kann sich jederzeit sehen lassen. Ein Recht, das sich mit der Wahrheit verträgt, das ist verläßliches Recht, so verläßlich, daß alles, was von Rechts wegen geschieht, kein Licht zu scheuen braucht. Was Rechtens geschieht, muß so geschehen, daß es sich sehen lassen kann. Wenn jedoch Organe des Staates von Rechts wegen in Privatwohnungen einbrechen dürfen, dann liegt in der Bundesrepublik Deutschland das Recht mit der Wahrheit im Streit. Denn dann geschieht genau das, was sich nicht sehen lassen kann und ja auch auf keinen Fall gesehen werden sollte. Die Akte, in der – sicherlich mit guten Gründen und nach gründlicher Gewissensprüfung – das Recht mit der Wahrheit in Konflikt gebracht wurde, trug denn auch gleich viermal den Vermerk: »Geheim«! Auch das ist ein Geheimnis, zweifellos. Aber es ist ganz und gar kein helles, sondern ein ausgesprochen dunkles, ein finsteres Geheimnis.

Wahrscheinlich braucht ein Staat, wahrscheinlich braucht vor allem ein moderner Staat solche dunklen Geheimnisse. Auch in unserem freiheitlichen Rechtsstaat haben die großen Parteien die Entscheidung des Ministers ja, erstaunlich schnell, gebilligt und gerechtfertigt. Und vielleicht hätte wirklich Schaden von uns abgewendet werden können durch diese sogenannte Lauschaktion. Doch wie auch immer: Hier lagen Recht und Wahrheit miteinander im Streit. Und wo das Recht mit der Wahrheit im Streit liegt, da liegt das Recht mit sich selber im Streit, da widerspricht es sich, da ist es nicht mehr verläßlich. Und wenn das Recht nicht verläßlich ist, dann entsteht Mißtrauen in den freiheitlichen Rechtsstaat und gedeiht und wächst. Das wenigstens sollten wir uns ehrlich eingestehen, das sollten sich alle in unserem Lande, also auch die Regierenden, ehrlich eingestehen, damit wir immerhin das begreifen: wie zerbrechlich gerade unsere höchsten Güter sind. Und wer das begreift, für den klingt es dann ganz und gar nicht mehr abstrakt, wenn von dem unbekannten Gottesknecht gesagt wird: »Zur Wahrheit wird er dem Recht verhelfen.“

III Doch wie geschieht das? Wie macht man das: dem Recht zur Wahrheit verhelfen? Nun, das geschieht auf eine ungewöhnliche, auf eine ganz besondere Weise. Nicht durch eine neue Gesetzgebung, nicht durch die *Proklamation* eines neuen Rechts, sondern durch eine kaum bemerkbare Praxis. Wenn die Wahrheit zu ihrem Recht kommt und das Recht sich mit der Wahrheit verträgt, dann geschieht etwas so Anspruchsloses und Unscheinbares, daß die Tagesordnung der Welt darüber hinweggeht, als wäre nichts geschehen. Denn Gottes neues Recht kommt denen zugute, die von der Tagesordnung der Welt nichts mehr zu erwarten haben. Denen, die am Ende sind, deren Lebenswille gebrochen und deren Lebenslicht gerade nur noch am Glimmen ist, ihnen bringt der unbekannte Gottesknecht ein neues Lebensrecht und neuen Lebensmut. Unser Lied sagt es mit größter Anschaulichkeit: »Geknicktes Rohr wird er nicht zerbrechen. Und glimmenden Docht wird er nicht auslöschen.«

In einer Welt, die über Leichen geht, macht das freilich wenig Eindruck. Und schon gar nicht bei denen, die im Vollbesitz ihrer Kräfte und im Vollbesitz ihrer Rechte sind. Wer wie eine Eiche steht, dem wird es kaum Eindruck machen, wenn ein geknicktes Rohr nicht zerbrochen wird. Und wer sich im Licht seines Erfolges sonnt, wird es kaum bemerken, wenn ein glimmender Docht, statt endlich zu verlöschen, noch einmal richtig zu brennen anfängt. Mit geknickten Rohren und glimmenden Dochten, mit geknickten und gebrochenen Existenzen geht man in dieser Welt eher rüde um. Wenn man sie überhaupt zur Kenntnis nimmt, dann als ausgesprochen lästige Erinnerungen an unser aller Vergänglichkeit oder als störende Hindernisse auf dem Weg in eine vollkommenere Zukunft. Und nur zu oft verführt eine geknickte oder gebrochene menschliche Existenz den Stärkeren dazu, das lädierte Menschenleben vollends kaputtzumachen. Ist ein Charakter erst einmal angeknackst, hat das Rückgrat eines Menschen erst einmal einen Knick bekommen, dann findet sich nur zu oft ein Stärkerer, der seine Selbstbestätigung ausgerechnet darin sucht, den angeknacksten Charakter vollends zu korrumpieren und das geknickte Rückgrat vollends zu brechen. Wir sollten, wenn wir denn in dieser Stadt das 500jährige Jubiläum unserer Universität feiern, auch daran denken, wie viele Menschen gerade in dieser von Ehrgeiz und Selbstbestätigungsdrang so sehr gezeichneten Institution seit nunmehr 500 Jahren wie geknickte Rohre immer noch mehr geknickt und schließlich vollends zerbrochen wurden! Nicht nur im politischen Leben, nicht nur im Geschäftsleben, auch im akademischen Leben triumphiert nur zu oft das Recht des Stärkeren. Und es macht ganz und gar keinen Eindruck, wenn da einer käme, der das geknickte Rohr nicht zerbricht und den glimmenden Docht nicht auslöscht. Das macht nirgends in der Welt Eindruck. Und so ist es auch ganz und gar nicht verwunderlich, daß der Knecht Gottes, der eben dies tut, ein Unbekannter geblieben ist.

IV Wenn er dennoch in einer Reihe von Liedern besungen wird, wenn die Kirche dennoch an ihn erinnert, dann offensichtlich nur deshalb, weil das

– wenn nicht der Welt, so doch – *Gott* Eindruck macht: die geknickten und gebrochenen menschlichen Existenzen nicht zu zerbrechen, sondern aufzurichten, den resignierenden Lebensmut nicht zu ersticken, sondern neu zu entfachen. Wer das tut, der bringt Gottes Recht unter die Völker. Dabei kann man sich, wie gesagt, keinen Namen machen. Damit wird man nicht bekannt. Wer das geknickte Rohr nicht zerbricht und den glimmenden Docht nicht auslöscht, der wird nichts anderes als ein unbekannter Gottesknecht.

Gott jedoch kennt seine unbekannten Knechte. Und er bekennt sich zu ihnen. Gott bekennt sich zu jedem seiner Knechte genauso eindeutig und genauso persönlich, wie er sich zu dem unbekannten Gottesknecht aus dem alten Israel bekannt hat: »Siehe, das ist mein Knecht. An dem halte ich fest. Das ist mein Erwählter. An dem habe ich Wohlgefallen.« Sie alle teilen ja mit Gott dasselbe Geheimnis: das *helle* Geheimnis, das jeden umgibt, der mit größter Selbstverständlichkeit tut, was sich doch keineswegs von selbst versteht.

Aber nun teilen nicht nur seine Knechte mit Gott dasselbe Geheimnis. Auf ihre Weise teilen dieses helle Geheimnis auch alle die, denen es zugute kommt: also all die geknickten Menschen und die gebrochenen Existenzen, die vielleicht nur noch darauf warten, daß sie vollends zerbrochen werden und ihr verglimmendes Licht ganz und gar ausgelöscht wird. Die Hilflosen teilen das Geheimnis Gottes und seiner Knechte, ohne etwas dafür zu tun. Sie teilen es allein dadurch, daß sie sich helfen lassen. Zu Gott gehören also nicht nur die, die mit ihm seine Arbeit teilen, die ihm bei seinem Werk helfen. Zu Gott gehören erst recht alle die, die sich von ihm und seinen hilfreichen Knechten helfen lassen, und zwar zu einem neuen zeitlichen und einem ewig neuen, zum ewigen Leben verhelfen lassen.

Die Hilfe, die die unsichtbaren Knechte Gottes unter uns den Hilflosen geben können, findet allerdings da ihre Grenze, wo das irdische Leben seine Grenzen hat. Die schreckliche Erdbebenkatastrophe vorgestern abend in Rumänien mobilisiert zwar menschliche Hilfe. Doch für viele kommt sie zu spät. Gottes menschliche Knechte stoßen auf Grenzen.

Ein Gottesknecht jedoch, der, den Gott selber gesandt hat, wird auch dem verglimmenden Lebenslicht zu neuem Leben verhelfen. Er verhilft denen, die am Ende sind, hier zeitlich und dort ewiglich zu ewig neuem Leben. Und dieser eine Gottesknecht ist noch immer unterwegs. Er kommt auch noch heute zu allen, die seiner Hilfe bedürfen.

Deshalb erinnert die Kirche in der Passionszeit an den geheimnisvollen Gottesknecht: auf daß alle, die an ihn glauben, *nicht* zerbrochen, *nicht* ausgelöscht werden, daß sie weder zeitlich noch ewig verlorengehen, sondern schon jetzt neues, ewiges Leben haben. Die Kirche kann nicht mehr als an diesen Gottesknecht erinnern. Sich von ihm helfen lassen, das muß und das *kann* jeder selbst.

„...daß nimmermehr loskomm der Große Krebs"

Pfingstsonntag 1977

Der Geist hilft unserer Schwachheit auf.

Römer 8, 26

I Ein Aufatmen, ein hörbares Aufatmen, das von einigen Menschen ausgeht und das dann weiter durch Gottes ganze Schöpfung geht, ein tiefes und befreiendes Aufatmen – das ist Pfingsten, das ist das Fest des Heiligen Geistes. Der Heilige Geist, das ist ein Geist, der aufatmen und die Herzen höher schlagen läßt, so daß wir sie erheben können zum Herrn – wie es in der Abendmahlsliturgie nachher auch heißen wird: Erhebet eure Herzen!

Hörbar wird dieses pfingstliche Aufatmen in der christlichen Gemeinde. Aber unhörbar atmet auch die ganze seufzende Kreatur auf, wenn Gottes Geist zu uns kommt. Und in der Tat hat mit uns Menschen die ganze Kreatur guten Grund aufzuatmen. Denn wenn Gott seinen Geist nicht *für sich* behält, sondern *zu uns* kommen läßt, dann heißt das: Gott bleibt der Erde treu. Er läßt seine Kreatur nicht hoffnungslos veralten. In eine Menschheit, die den Atem der Schöpfung, von dem wir leben, rücksichtslos verbraucht, in eine immer atemloser werdende und wohl gerade deshalb so oft gähnende Welt bringt Gottes guter Geist einen neuen, schöpferischen Atemzug.

Gähnen steckt an, sagt man. Doch das schöpferische Aufatmen, das Gottes guter Geist bewirkt, steckt in noch ganz anderer Weise an. Es läßt sich so wenig festhalten wie der Wind, und schon gar nicht hinter Kirchenmauern. Gottes schöpferischer Geist ist zwar »der Tröster, der *uns* unterweist«. Aber er ist zugleich der, »der fährt, wohin er will und mag«, um sich *überall* als der zu erweisen, »der stark macht, was daniederlag«. Der Geist, der uns aufatmen läßt, bringt den Menschen in eine neue Nachbarschaft zur ganzen Schöpfung, die er durchdringt bis in die letzte Zelle der Natur. Er durchbricht den ausgewogenen Rhythmus von Stirb und Werde, er stört den scheinbar, aber eben nur scheinbar ewigen Kreislauf von Werden und Vergehen zugunsten eines neuen Lebens, in dem man zwar älter und richtig alt werden, aber nie und nimmermehr veralten kann. Siehe, ich mache alles neu – das ist die Sprache des Heiligen Geistes. Wer sie hört, wer ihr vertraut, der kann aufatmen.

II Was das genauer heißt, das möchte ich zunächst an einer Gegenfigur klarmachen, von der eine merkwürdige Sage erzählt: die Sage vom Großen Krebs. Sie wurde 1933 am Tag vor dem Brand des Berliner Reichstags in Gedichtform veröffentlicht und ist noch heute so aktuell wie damals. Man könnte sie geradezu als das Gegenstück zur Pfingstgeschichte verstehen. Denn wenn es eine Gegenfigur zum Symbol des Heiligen Geistes, wenn es eine Gegenfigur zur Taube des Geistes gibt, dann ist es dieser »Große Krebs«, von dem die Sage geht, er gehe nicht nur – wie alle

Krebse – selber rückwärts, sondern lasse auch alles rückwärts gehen. Nach der Sage ketten ihn die Jahrtausende der Vergangenheit im Morast des Mohriner Sees. Doch »wär er frei / Ging alles rückwärts und verquer / rückwärts und verquer ... Denn kröche der Krebs aus dem Morast, / Marschierte ein ganzes Heer, / Das würgt und mordet, hetzt und haßt / Ihm hinterher / Im Krebsgang rückwärts und verquer ... Dann kreiste zurück die Jahrhundertuhr / Zur ewigen Mitternacht ... / Und wenn die berauschte Kreatur / Vom Traum erwacht / Geht alles rückwärts und verquer / rückwärts und verquer / Zu Hexenbränden und Judenpogrom ...«

Das war 1933. Die Sage vom Großen Krebs hat viele Strophen. Man könnte noch mehr hinzufügen. An das Ende einer jeden Strophe hat der Dichter einen frommen Wunsch gesetzt. Es heißt da allemal: »Gott geb's, / Daß nimmermehr loskomm / Der Große Krebs.« Wahrhaftig ein frommer Wunsch! Er wird auch nicht weniger fromm, wenn die Sage am Ende außer an Gott auch an unseren menschlichen Willen appelliert: »*Und* euer Wille geb's / Daß loskomm nimmermehr / nimmermehr der Große Krebs!«

Es ist recht, daß die Sage an unseren menschlichen Willen appelliert. Unseren Willen beansprucht ja auch der Heilige Geist, der die Schwachen stark macht, damit sie nun auch wirklich den Weg *gehen,* den der Geist ihnen bahnt. Und das ist ein Weg nicht zurück in die veraltete, sondern voran in die kommende Welt. So gewiß es der Geist allein ist, der uns aufhilft und aufrichtet und uns voranbringt, so gewiß sind wir es doch selbst, die nun aufrechten Ganges voran gehen sollen und können. Der Heilige Geist ist ein Freund des gesunden Menschenverstandes. Und genauso ist er auch ein Freund unseres guten Willens und unserer Tat.

Doch gesunder Menschenverstand, guter Wille und energische Taten allein verbürgen dieser Welt keine gute Zukunft und schon gar nicht ein neues Leben. Wir durchkreuzen das alles selbst unentwegt durch den anderen Willen, den Willen zur Macht, der uns unausrottbar beherrscht. Nichts gegen die gewissenhafte Ausübung von Macht! Wir brauchen sie, wenn wir wenigstens halbwegs in Frieden leben wollen. Sie hilft zwar nicht unserer Schwachheit auf. Aber sie wehrt unserer Stärke, sie wehrt eben gerade dem gewissenlosen Willen zur Macht. Es fasziniert uns, Macht auszuüben, Macht zu haben über andere Menschen, und sei es auch nur über eine kleine Gruppe von Anhängern oder auch nur über sich selbst. Doch täuschen wir uns nicht: Der Wille zur Macht geht zur Not über Leichen. Er führt im Extremfall sogar über die eigene Leiche. Dann nämlich, wenn man merkt, daß man uneingeschränkt Macht über sich selbst nur hätte, falls man Herr wäre über sein eigenes Leben und damit über seinen eigenen Tod. Der Wille zur Macht führt immer in die Nähe des Todes. Seine Stärke lebt von der Schwäche derer, über die er mächtig ist. Deshalb ist seine Kraft hohl. Der Wille zur Macht allein macht die Welt schwach, nicht stark. Seine Wege führen zurück, nicht voran.

Deshalb ist es mit unserer Macht, mit unserem Willen allein eben nicht getan. Wir tun gut daran, jenen frommen Wunsch ernst zu nehmen: *Gott* geb's, daß nicht loskomm der Große Krebs. Wäre die Menschheit sich selbst überlassen, so hätte das widerliche Untier schon unwiderruflich der Welt seinen Krebsgang aufgenötigt, und es ginge wirklich alles nur noch und unwiderruflich rückwärts und verquer. Vorgestern noch zitterten in Holland hilflose Eltern um ihre Kinder, die von Terroristen zum politischen Erpressungsmittel entwürdigt und mißbraucht worden sind. Und in nicht wenigen Staaten gesellt sich zum Terror aus dem Untergrund der – sei es brutale, sei es feine – Terror, mit dem die Regierungsgewalt ihrerseits am Werke ist, um Menschen schwach zu machen. Auch um diese Menschen bangen hilflose Eltern, Geschwister, Ehepartner. Das alles haben wir eben nicht hinter uns, wenn Gottes Geist unserer Schwachheit aufhilft. Wenn er uns aufatmen läßt, dann ist das keineswegs schon das Aufatmen derer, die am Ziele sind, auch nicht und schon gar nicht das selbstbewußte Aufatmen dessen, der es geschafft hat. Sondern es ist das Aufatmen derer, die trotz der Gefahr und angesichts der Gefahr des großen Krebsganges *Hoffnung* haben. Und zwar eine Hoffnung, die nicht zuschanden werden läßt.

III Woher diese Hoffnung? Woher die Gewißheit, daß die Pfingsthoffnung nicht zuschanden werden läßt?

Nun, sie ist verbürgt in dem Wort, in dem unser Aufatmen hörbar wird. Es ist nur ein einziges, ein einfaches Wort, in dem unser Aufatmen hörbar wird; ein einziges Wort, mit dem aber auch schon alles gesagt ist. Es ist das Wort, mit dem wir

Gott beim Namen nennen, mit dem wir ihn anrufen dürfen: *Vater!* Wo Menschen das wagen dürfen, den allmächtigen Gott, den Schöpfer Himmels und der Erde, den wahren und einzigen Herrn über Leben und Tod, *Vater* zu nennen, da kann man wirklich aufatmen.

Wer zu Gott *Vater* sagt, der redet ihn ja mit demselben Wort an, mit dem ihn der ewige Gottessohn, unser Bruder Jesus von Nazareth, angeredet hat. Und er hat das getan in der ganzen Hilflosigkeit des Kindes und doch zugleich in der unbeirrbaren Zuversicht des Sohnes, der weiß, daß sein Vater ihm treu bleiben wird: »Mein Vater, wenn möglich, laß diesen Kelch an mir vorübergehen. Aber nicht mein Wille, sondern dein Wille geschehe!« Denn – so könnte man hinzufügen – du wirst es gut machen.

Vater – das ist in Gottes Ohr gesprochen ein Wort, mit dem auch wir unsere ganze Hilflosigkeit, unsere Schwäche eingestehen. Mit diesem Wort kann man es tun, ohne sich dessen schämen zu müssen. Wer zu Gott *Vater* sagt, der sagt immer auch: Hilf mir! Und er ist zugleich stolz darauf, daß er einen solchen Vater im Himmel hat, den man um Hilfe bitten kann. Ihm kann man, ihm können wir unsere Wege befehlen. *Gott, der Vater* wird es wohl machen. *Er* führt es herrlich hinaus.

Dieses Eingeständnis der eigenen Schwäche und der Stolz auf den Vater im Himmel, den man um Hilfe bitten kann – das vereinigt Menschen zu einer Gemeinde, zur christlichen Kirche. Der Geist, der uns aufatmen läßt, ist der Geist, der uns *gemeinsam* sagen läßt: Vater unser. Parteien haben ihre Programme und Parolen, auf die man gemeinsam festgelegt ist. Die Kirche hat kein Programm und auch keine Parole, aber sie hat eine gemeinsame Anrede für Gott, in die jeder Mensch einstimmen kann. Über alle Konfessionsgrenzen hinweg und durch alle Zeiten der Kirchengeschichte hindurch haben und sprechen wir gemeinsam das Gebet des Herrn, das Vaterunser. In der Gemeinschaft dieses Gebetes wird auch der Schwächste gestärkt. Denn er wird gestützt und getragen von den vielen anderen, die mit ihm beten – so wie sie alle, so wie wir alle gemeinsam gestützt und getragen werden von dem Geist, der uns aufatmen läßt, indem er uns beten lehrt.

IV Ein tiefes und befreiendes Aufatmen – im Vaterunser wird es hörbar. Jede seiner Bitten läßt aufatmen. In ganz besonderer Weise ist dies aber bei jener Bitte der Fall, in der wir unseren Vater bitten: Vergib uns unsere Schuld! Ich möchte auf diese Bitte heute auch deshalb besonders zu sprechen kommen, weil wir nur in ihrem Licht die Situation verarbeiten können, die uns hier in Tübingen seit zwei Wochen in Atem hält und jedes Aufatmen unmöglich zu machen droht.

Der Vorgang ist bekannt. Presse, Rundfunk und Fernsehen haben ihn auch einer weiteren Öffentlichkeit bekannt gemacht. Eine Gruppe von 28 Studenten der evangelischen Theologie hat dem des Mordes dringend verdächtigen und während eines Mordversuchs von zurückschießenden Polizisten lebensgefährlich verletzten Terroristen Günter Sonnenberg Blumen und einen äußerst mißverständlichen Brief in die Intensivstation der

Chirurgischen Klinik geschickt. Geld für Blumen und einen nicht weniger mißverständlichen Brief schickte man auch dem bei der Festnahme Sonnenbergs schwer verletzten Polizisten. Das war falsch. Alle Lehrenden am Fachbereich, aber ebenso die Pfarrer des Kirchenkreises und die Vollversammlung der Theologiestudenten haben in unmißverständlichen Worten zum Ausdruck gebracht, daß diese Aktion für die christliche Gemeinde inakzeptabel ist. Davon ist kein Wort zurückzunehmen.

Aber es ist ein Wort hinzuzufügen. Wir wären nicht ehrlich gegen uns selbst, wir würden die Gegenwart des Heiligen Geistes verachten, kurz: wir könnten nicht aufatmen, wenn wir angesichts dieses Vorganges und *aller* seiner Hintergründe nicht den Mut hätten, *gemeinsam* zu bitten: Vergib uns unsere Schuld, wie auch wir vergeben unsern Schuldigern! Aus dieser Gemeinschaft, aus der Gemeinschaft, in der wir Gott als unseren Vater anrufen und um Vergebung unserer Schuld bitten, dürfen und können wir niemanden ausschließen. Niemanden! Laßt uns das mit gleicher Klarheit und mit dem gleichen Ernst sagen, mit dem wir jene unbedachte und ungute Grußdemonstration der 28 Theologiestudenten für verwerflich erklärt haben. Die Gemeinschaft derer, die um Vergebung ihrer Schuld bitten, haben wir auch und gerade dem Menschen anzubieten, der mit der ganzen Härte und Strenge des Gesetzes rechnen muß. Aus der Gemeinschaft derer, die um Vergebung ihrer Sünden bitten, kann man sich einzig und allein selber ausschließen. Davor aber bewahre uns Gott, unser Vater. Davor bewahre er auch den jungen Mann, der, des mehrfachen Mordes verdächtig, wohl von sich aus kaum mehr wird aufatmen können. Gott erbarme sich seiner – so wie er sich unser erbarmt.

Wer diesen Wunsch mitsprechen kann, der ist eingeladen an den Tisch Jesu Christi, um beim Gemeinschaftsmahl der Sünder aufzuatmen. Wer diesen Wunsch mitsprechen kann, der hat das Recht, sein Herz zu Gott zu erheben. Und er wird schmecken und sehen, wie freundlich der Herr ist.

Der Mensch dem Menschen kein Wolf

12. Juni 1977

Einer trage des anderen Last, dann werdet ihr das Gesetz Christi erfüllen. *Galater 6, 2*

I Einer trage des anderen Last – unter dieser Losung geht zur Stunde in Berlin der 17. Deutsche Evangelische Kirchentag zu Ende. Wir bringen unsere Verbundenheit mit der in Berlin versammelten Gemeinde Jesu Christi zum Ausdruck, indem auch wir auf diese Losung hören. Auf diese Weise wahren wir die Gemeinschaft mit den 60 000 Christen, die gewiß mit den unterschiedlichsten Voraussetzungen und Einstellungen nach Berlin gefahren sind, um dort zu erfahren, was die eine heilige christliche Kirche ist, um also zu erfahren, wie es ist, wenn einer des anderen Last trägt. Und in der Tat – dieser Kirchentag könnte ein kleiner Anschauungsunterricht dafür sein, was uns das Gesetz Christi zumutet: nämlich *gegenseitige* Entlastung. Das Gesetz gegenseitiger Entlastung zu erfüllen, sind da nicht nur evangelische Christen, sondern Christen aller Konfessionen zusammengekommen, um miteinander in Freimut nach der Wahrheit des christlichen Glaubens zu fragen. Da versucht man sich zu verständigen über Gott, aber auch über die Welt und über sich selbst. Da werden Gegensätze zur Sprache gebracht, die die Einheit der christlichen Kirche belasten, aber auch diejenigen Gegensätze, denen das politische und wirtschaftliche Leben ausgesetzt ist. Da wird nach der Bibel gefragt, aber auch danach, wie wir Reichen die Lasten der armen Nationen besser mittragen können als bisher. Da lernen Gesunde die Last der Kranken kennen. Junge Menschen machen die Bekanntschaft mit der Last der Jahre auf den vom Alter gebeugten Schultern derer, die ihre Großväter und Großmütter sein könnten. Und die Älteren erfahren etwas von der merkwürdigen und oft so sorgfältig verborgenen Last des jungen, heranreifenden Menschen, der, von viel Unverständnis umgeben, an einem geheimnisvollen Fernweh leidet. Und dann wird da nicht zuletzt die Rechtfertigung des Gottlosen verkündigt; und es wird zugleich überlegt, wie wir die Unterdrückten und um ihre Menschenrechte Betrogenen in Ost und West wenigstens etwas entlasten können. Dabei prallen die Meinungen wohl oft aufeinander. Und man sagt sich die Meinung. Aber auch das *kann* ja etwas Entlastendes haben. Denn »zuzeiten sind erfrischend wie Gewitter goldne Rücksichtslosigkeiten«. Man kann dann um so unbeschwerter miteinander feiern und fröhlich sein. Auch dazu hat der Kirchentag eingeladen. Und auch die Einladung zur liturgischen Feier und der ihr entsprechenden weltlichen Fröhlichkeit steht unter der Losung: Einer trage des anderen Last! Und vielleicht ist das sogar die beste Art und Weise gegenseitiger Entlastung, wenn Menschen miteinander deshalb einig werden, weil sie sich gemeinsam freuen. Die christliche Gemeinde, die weltweite Christenheit in allen Kirchen ist jedenfalls darin eins, daß sie die Freude an Gott zusammenführt und zusammenhält.

Freude erleichtert. Das weiß jeder, der sich zu freuen vermag. Schon deshalb sollte man niemandem seine Freude mißgönnen. Schon gar nicht aber sollten wir mit gerunzelter Stirn oder gar scheel auf Menschen blicken, die ihrer Freude an Gott Ausdruck geben. Denn diese Freude ist allemal der Ausdruck einer großen Erleichterung – einer Erleichterung über den einen und einzigartigen Lastenträger, den man nicht erst aufrufen und durch eine Losung dazu mobilisieren muß, die Lasten anderer auf sich zu nehmen. Gott läßt sich belasten. Davon können wir ausgehen, und darauf ist immer wieder zurückzukommen, wenn es um das Tragen von Lasten, wenn es um Belastung und Entlastung geht. Gott läßt sich sogar grenzenlos belasten, wenn er uns dadurch entlasten kann. Das ist das *Evangelium,* das Paulus voraussetzt, wenn er uns an das *Gesetz* Christi erinnert und also auch uns zumutet, fremde Lasten auf uns zu nehmen.

II Eine Zumutung ist das ja in der Tat: die Last eines anderen zu tragen. Und was für eine! Wir tun gut daran, diese Zumutung nicht zu verharmlosen. Etwa dadurch, daß wir die klare Sprache dieser Losung in das Modevokabular unserer Tage übersetzen. Man würde dann wohl sagen: Seid solidarisch miteinander! Das ist zwar auch etwas – nämlich ein Appell an das Zusammengehörigkeitsgefühl, der durchaus Gutes bewirken kann. Er kann aber ebensogut bloßer Kumpanei das Wort reden. Und nur allzuoft ist genau dies der Fall, wenn der Ruf nach Solidarität laut wird. Die christliche Gemeinschaft ist aber etwas anderes als Kumpanei. Die alte Sprache unserer Losung sagt es deutlich: Die christliche Gemeinde ist eine Gemeinschaft gegenseitiger Entlastung. Und eine Gemeinschaft gegenseitiger *Entlastung* ist sie genau in dem Maße, in dem man sich gegenseitig *belasten* kann.

Gegenseitige Belastung – das mutet uns der Glaube zu, damit es dann erst recht zu einer gegenseitigen Entlastung kommt. Daß das in der Tat eine Zumutung ist, zeigt nicht zuletzt der Berliner Kirchentag selbst. Seiner Einladung an alle Christen haben andere Christen derselben Kirche Mißtrauen und Vorwürfe entgegengesetzt. Man befürchtete, daß die Verständigung über Gott und die Welt in Berlin zu weltlich, die Besinnung auf den christlichen Glauben zuwenig gläubig und die gemeinsamen Feiern und ihre Fröhlichkeit zuwenig christlich sein würden. Und so gab es neben dem Kirchentag in Berlin einen Gemeindetag unter dem Wort in Dortmund. Und das ist denn also die Wirklichkeit der Christenheit: Gemeindetag hier, Kirchentag dort. Eine heilige christliche Kirche?

Auf jeden Fall ist es die Realität der Kirche, vor der wir die Augen nicht verschließen dürfen. Denn gerade dieser höchst unerfreulichen Realität gilt die apostolische Zumutung, gilt die Erinnerung an das Gesetz Christi, die Lasten des anderen auf sich zu nehmen, damit es zur gegenseitigen Entlastung kommt. Paulus hat diese Losung einst gegenüber den Galatern ausgegeben: in einer Situation, die keineswegs erfreulicher war als die gegenwärtige. Die Wirklichkeit der Kirche war von Anfang an alles andere als erfreulich. Eine romantische Verklärung der Urgemeinde ist also ganz und gar nicht angebracht. Paulus beschreibt die Situation der Urgemeinde im selben Brief sogar mit bitterer Ironie und in drastischer Sprache: »Wenn ihr einander beißt und zerfleischt, dann gebt nur acht, daß ihr einander nicht auch noch verschlingt.«

Man denkt unwillkürlich an tolle Hunde. Oder an jenen schrecklichen Satz, mit dem ein englischer Philosoph in gelehrtem Latein kurz und klar zum Ausdruck brachte, wer oder was der Mensch im Umgang mit dem Menschen ist: homo homini lupus – der Mensch dem Menschen ein Wolf. Einer also des anderen Gefahr und Bedrohung. Und eben deshalb einer vor dem anderen auf der Lauer und auf der Hut.

Man wird diese Realität zur Kenntnis nehmen müssen. Wir wissen, daß in jedem Menschen ein Wolf auf der Lauer liegt und auf die Gelegenheit wartet, hervorzubrechen und über den anderen herzufallen. Und sei es auch nur mit Worten. Wir wissen, daß jener Philosoph recht hat. Aber wir tun gut, nicht daran zu glauben. Gerade wer diese schreckliche Realität zur Kenntnis nimmt, wird sich mit ihr nicht abfinden. Der Mensch verdiente nicht Mensch zu heißen, und der Christenmensch verdiente erst recht nicht ein Christ zu heißen, wenn er sich damit abfinden wollte, daß Menschen übereinander herfallen wie bissige und beißende Tiere.

III Doch was soll man der Wolfsnatur im Menschen entgegensetzen? Der Philosoph hat gegen sie *den Staat* aufgeboten, einen *übermächtigen Staat,* der mit seinen Gesetzen den Menschen zähmen und zur Gemeinschaft zwingen soll. Als eine Art Superwolf sollte der übermächtig gemachte Staat die vielen kleinen Wölfe zum Frieden zwingen. Das Gesetz des Stärkeren sollte durch das Gesetz des Stärksten gebrochen werden.

Das Gesetz Christi, das Paulus der Wolfsnatur des Menschen entgegensetzt, ist von anderer Art. Auch dieses Gesetz nimmt die Realität zur Kenntnis. Und es geht davon aus, daß selbst innerhalb der Grenzen des Staates und *seiner* Gesetze Menschen die Opfer von Menschen werden. Das Gesetz Christi, diese große Zumutung gegenseitiger Belastung und Entlastung, verharmlost die Wirklichkeit keineswegs. Es geht vielmehr gerade davon aus, daß immer wieder hinter einer dünnen höflichen Fassade ein Wolf auf der Lauer liegt, der nur darauf wartet, daß irgendein Lamm oder ein Esel von Mensch daherkommt, über den man herfallen und den man zumindest als Lasttier mißbrauchen kann.

Und nun mutet das Gesetz Christi uns genau dies zu: der Wolfsnatur im Menschen durch ein Verhalten entgegenzuwirken, das durchaus an die Rolle jenes Lasttiers erinnert, mit dem man sich sonst nur ungern vergleichen läßt. Ja, nach der Logik der Wölfe muß das in der Tat ein Esel sein, der sich mit fremder Last beladen läßt. Ein Unterschied ist freilich unübersehbar. Der Esel muß unfreiwillig die Lasten tragen, die man ihm auflädt. Dem Christenmenschen aber wird zugemutet, freiwillig die Lasten auf sich zu nehmen, die den anderen bedrücken.

Einer trage des anderen Last – in dem Maß, in dem diese Zumutung realisiert wird, wird die Wolfsnatur in uns abgebaut. Denn wo das Gesetz gegenseitiger Entlastung herrscht, da gedeiht kein Wolf, da muß er verkümmern. Genau das ist ja gerade der tiefste Grund dafür, daß Menschen immer wieder über Menschen herfallen: dies, daß wir uns selber nicht entlasten können. Der unter Druck gesetzte Mensch wird aggressiv. Das überbelastete Ich, das sich selber keine Entlastung verschaffen kann, wird bissig und beißend, um sich so wenigstens für den Augenblick seiner Ausfälligkeiten Erleichterung zu verschaffen. Doch dergleichen Erleichterung ist von kurzer Dauer. Und das Schuldbewußtsein, das sich mit ihr verbindet, belastet uns dann erst recht. Davon lebt der Wolf in uns. Er profitiert von der Überbelastung, die den Menschen unter Druck setzt. Gerade von den niederdrückenden Selbsterfahrungen ernährt sich die Wolfsnatur in uns. Deshalb kann ihr nichts Ärgeres widerfahren, deshalb kann uns nichts Heilsameres widerfahren, als von einem anderen Menschen entlastet zu werden. Und dazu muß es Menschen geben, die den Vergleich mit dem Esel nicht scheuen, sondern als freiwillige Lastenträger den Druck vermindern, unter dem der Nächste steht. Das Gesetz Christi erinnert die Christen daran, daß das die Rolle ist, die Jesus Christus selbst uns zumutet.

IV Fremde Lasten kann man freilich nur dann auf sich nehmen, wenn man nicht selber unter dem eigenen Gewicht zu leiden hat. Dieses Gewicht aber, will heißen: das Übergewicht, das wir uns selber geben, um vor Gott und der Welt gewichtig zu sein, diese unsere selbsterzeugte Gewichtigkeit, die uns oft mehr belastet als alles andere, die ist dem Christenmenschen ein für allemal abgenommen. Die Last unserer eigenen Person ruht auf dem einen und einzigen Lastenträger, den die Bibel in ihrer drastischen Sprache das *Lamm* Gottes nennt. Wir alle sind nur begrenzt belastbar. Das Lamm Gottes aber ist unbegrenzt, ist unendlich belastbar. Wir können es vor allem mit uns selbst belasten.

Wer es tut, der wird um das ganze Gewicht seiner eigenen Person erleichtert werden. Und das ist dann genau diejenige Erleichterung, die Freude macht: Freude an Gott und für diesmal auch eine gehörige Portion Schadenfreude – Schadenfreude darüber, daß Lamm und Esel, daß das göttliche Lamm und die menschlichen Esel den Wolf im Menschen bezwingen können.

Was nicht wahr ist, macht auch nicht frei - was nicht frei macht, ist auch nicht wahr

Zum 500. Jubiläum
der Eberhard-Karls-Universität Tübingen
am 9. Oktober 1977

I Feste, Jubiläumsfeste zumal, sind nur selten Stunden der Wahrheit. Für ein Fest ziehen wir nicht nur uns selber, sondern auch der nackten Wahrheit schmückende Kleider an. Und da die Wahrheit weiblich, wird sie auch noch geschminkt. Zum Fest fallen vor allem freundliche Worte, des Lobes voll und voll von Dankbarkeit. Da blickt man nicht zurück im Zorn. Am Festtag wird der Jubilar gerühmt. Und je älter er ist, desto jubilierender sind die Reden, die ihm zu Ehren gehalten werden.

Die Tübinger Universität ist eine sehr alte Jubilarin. Mit ihren 500 Jahren hätte sie wohl einen Anspruch darauf, gefeiert und gerühmt zu werden. Und das soll auch geschehen, auch im Gottesdienst, ja im Gottesdienst erst recht! Wenn irgendwo, dann darf man sich hier ungeniert freuen über das, was erfreulich war und ist in der langen Geschichte unserer Universität. Wenn irgendwo, dann kann hier unverkrampft Dank laut werden dafür, daß unsere alma mater nun also 500 Jahre alt und dennoch nicht veraltet, sondern quicklebendig ist. Über 19 000 Studierende sorgen täglich dafür, sorgen zuweilen nur allzusehr dafür. Ungeniert sich freuen und unverkrampft danken – im Gottesdienst hat das seinen Sitz im Leben. Denn ungenierte Freude und unverkrampfter Dank gedeihen da, wo wir der Wahrheit die Ehre geben, da, wo wir unsere Schuld bekennen können *und* wo uns diese unsere Schuld definitiv vergeben wird. Der Gottesdienst *ist* die Stunde der Wahrheit. Vor Gott hat es ja wahrhaftig keinen Sinn, die Wahrheit in allerlei Kostüme zu kleiden und zu schminken und eben damit lächerlich zu machen. Auch unser Festgottesdienst kann, gerade wenn wir uns ungeniert freuen und unverkrampft danken wollen, nichts anderes als eine Feier zu Ehren der Wahrheit und also selber *Stunde der Wahrheit* sein. In der Mitte unserer Feier soll deshalb ein Wort stehen, das geeignet ist, das Leben aller, die sich darauf ansprechen lassen, wahrer und unsere Gedanken wahrhaftiger zu machen.

II Im Johannesevangelium, Kapitel 8, 32 heißt es: *Ihr werdet die Wahrheit erkennen. Und die Wahrheit wird euch frei machen.*

Das ist Aufklärung, Aufklärung im besten, im verheißungsvollen Sinne des Wortes. In diesem Satz über die Wahrheit leuchtet die Wahrheit selber auf und spricht uns an und klärt uns auf. Wie die aus dem Dunkel der Nacht aufgehende Sonne ihre leuchtende Helligkeit nicht nur für sich behält, sondern jeden Morgen neu unsere dunkle Welt erhellt, genauso strahlt in diesem Satz frisch und unverbraucht uralte Wahrheit auf. In sich selber klar verbreitet sie Klarheit, klärt sie auf: nicht nur *über etwas,* sondern uns selbst – so daß wir unsererseits wenigstens etwas heller, leuchtender, wahrer werden.

Wo das geschieht, da ereignet sich jene Aufklärung, auf deren Kraft einst Eberhard, der mit dem Barte, vertraute, als er unsere Universität gründete: »... in der guten Meinung, helfen zu graben den Brunnen des Lebens, daraus von allen Enden der Welt unversieglich geschöpft werden mag tröstliche und heilsame Weisheit zur Erlöschung des verderblichen Feuers menschlicher Unvernunft und Blindheit.« 500 Jahre später lodert freilich das verderbliche Feuer menschlicher Unvernunft noch immer. Und statt nach löschendem Wasser gräbt man heute nicht selten nach Öl, um es in das Feuer der Unvernunft zu gießen. Da könnte man wohl versucht sein, resigniert oder auch empört einen Schlußstrich unter die Geschichte der Universität zu ziehen. »500 Jahre sind genug«, heißt es denn auch lapidar auf den Plakaten, mit denen gegen dieses Jubiläum protestiert wird.

Und in der Tat: 500 Jahre wären mehr als genug, wenn es in unser Belieben gestellt wäre, nach Wahrheit zu fragen oder eben auch nicht. Doch das ist weder innerhalb noch außerhalb der Universität der Fall. Der Mensch ist zur Wahrheit verpflichtet. Jedes Kind weiß das, auch wenn es Angst vor der Wahrheit hat und deshalb anfängt, sich an ihr zu vergreifen. Und das tun ja bekanntlich nicht nur Kinder.

Gegen die Angst vor der Wahrheit in jeglicher Gestalt wendet sich die Verheißung des johanneischen Christus: Die Wahrheit wird euch frei machen. An diesem Satz scheiden sich die Geister. Man mag ihn naiv nennen. Doch was den einen als Naivität erscheint, ist für den Christen Ausdruck jener ursprünglichen Einfalt, von der alle fruchtbare Intelligenz ihren Ausgang nimmt und zu der sie auch wieder zurückstrebt. Und das ist die Einfalt, die der Wahrheit etwas zutraut, die ihr vor allem zutraut, daß man sich auf sie verlassen kann. Wahr ist, was verläßlich ist, worauf man zurückkommen, worauf man sich unbedingt verlassen, woran man glauben kann. *Deshalb* kann uns die Wahrheit frei machen. Denn frei bin ich nur da, wo ich mich so auf etwas oder jemanden verlassen kann, daß ich es wage, aus mir herauszugehen, mich also wirklich selbst zu verlassen. Die Wahrheit wird uns frei machen, weil sie uns dazu bewegen kann, unser Heil gerade nicht bei uns selbst zu suchen.

In eindrücklicher Weise kommt dieses Zutrauen zur Wahrheit im Siegel unserer Universität zum Ausdruck. Jesus Christus ist darauf abgebildet, umgeben von einem Spruchband, auf dem zu lesen steht: Ich bin der Weg und die Wahrheit und das Leben. Man sieht, wie dieser Christus, mit beiden Füßen auf dem Alten und Neuen Testament stehend, in der linken Hand die Weltkugel hält, der er mit der lehrend erhobenen Rechten den Weg des Lebens weist. Er hat die Welt in der Hand. Doch nun nicht etwa in einer ängstlich oder krampfhaft sich schließenden Hand – so wie man wohl einen Raub umklammern würde, um ihn nur ja nicht wieder hergeben zu müssen. Sondern er hält die Welt in einer frei geöffneten Hand, aus der sie sich jederzeit entfernen, aus der sie jederzeit herausfallen kann. Wenn sie gleichwohl in dieser offenen Hand sicher ruht, dann eben deshalb, weil sie dort von der Wahrheit gehalten und getragen wird. Die Welt in der Hand der Wahrheit – das ist freilich etwas anderes als die Wahrheit in der Hand der

Welt, in dieser alles und jeden und also auch unsere Erkenntnisse manipulierenden Hand. Die Welt in der Hand der Wahrheit – das ist, im Bilde ausgedrückt, die Zuversicht, aus der heraus Aufklärung entsteht und gewagt werden kann und soll.

Die Aufklärung lautet: Die Wahrheit wird euch frei machen. Auf unser Ureigenstes werden wir angesprochen, nämlich auf *Freiheit,* nach der alles, was menschlich an uns ist, sei es bewußt, sei es unbewußt, verlangt. Nach Freiheit schreien die Geknechteten in den sichtbaren und unsichtbaren Gefängnissen dieser Erde. Und wenn der Schrei verstummt, weil die Gefangenen nicht einmal mehr die Freiheit haben, nach Freiheit schreien zu dürfen, bringt ihr Schweigen erst recht zum Ausdruck, wie unfrei sie sind. Der Schrei nach Freiheit läßt sich zwar verbieten, der Drang zur Freiheit läßt sich unterdrücken. Töten läßt er sich nicht – man müßte denn die Menschheit töten. Ja selbst der freie Mensch ist doch nie frei genug, um sich nicht immer noch nach mehr Freiheit zu sehnen. Offensichtlich kann man davon gar nicht genug bekommen. Nach Freiheit begehrt die menschliche Natur mit allen ihren Fasern, danach streckt sie sich voller Verlangen aus wie die Pflanze nach dem Sonnenlicht. Diesem unserem ureigenen Drang nach Freiheit wird der Weg gewiesen, wenn es heißt: Die Wahrheit wird euch frei machen.

Wahrheit und Freiheit sind Zwillinge. Das eine ist ohne das andere nicht zu haben. Die Freiheit hat ihren Ursprung in der Wahrheit. *Was nicht wahr ist, macht auch nicht frei.* Und die Wahrheit hat in der Freiheit ihr Ziel. *Was nicht frei macht, ist auch nicht wahr.* Wir wollen über beides nachdenken und schließlich an die *heilsamen Grenzen* denken, die die Freiheit hat.

III Zunächst: Die Freiheit hat ihren Ursprung in der Wahrheit. Was nicht wahr ist, macht auch nicht frei. Das ist eine harte Wahrheit für alle, die das Reich der Freiheit mit groben und feinen Lügen herbeizwingen wollen oder gar mit brutaler Gewalt. Die Verführung dazu ist allerdings groß. Denn die Sehnsucht nach Freiheit läßt sich nur zu leicht mißbrauchen. Gerade weil der Drang nach Freiheit uns zutiefst bestimmt, ist er zuhöchst gefährdet, ist er bevorzugtes Objekt der Manipulation. Und da man wohl weiß, daß Freiheit ohne Wahrheit nicht zu haben ist, scheut man eben auch vor Wahrheitsmanipulationen nicht zurück. Und dann beginnen die schlimmsten aller Lügen: die Halbwahrheiten. Halbwahrheiten aber machen nicht frei, sie vermehren die Knechtschaft.

Mit Halbwahrheiten, wir sollten es uns eingestehen, haben wir auch an den Universitäten nicht gespart, wenn von Freiheit die Rede war. Viel zu oft haben wir statt allein nach der Wahrheit und *ihren* Folgen nach dem gewünschten politischen oder auch nur publizistischen Effekt gefragt und ihm zuliebe an der falschen Stelle geschwiegen oder im falschen Augenblick verführerisch das Wort genommen. Doch: »Weh dem, der zu der Wahrheit geht durch Schuld! Sie wird ihm nimmermehr erfreulich sein.« Was dabei herauskommt, ist im besten Fall eine schielende Wissenschaft, ein auf beiden Seiten hinkender Geist. Eine schielende Wissenschaft, eine auf beiden Seiten hinkende Vernunft aber macht niemals frei.

Das haben wohl auch jene jungen Menschen gemerkt, die die Universitäten resigniert verlassen haben und von denen einige nun mit mörderischen Gewalttaten die Freiheit, die sie meinen, zu verwirklichen suchen. Doch sie belügen sich selbst. Und mit Selbstbetrug kann man weder sich selbst noch andere befreien. Im Gegenteil, jede Lüge, mit der wir uns selbst belügen, führt uns nur noch tiefer in die Unfreiheit hinein. Da ist man dann nicht nur anderen, sondern nun vor allem sich selbst erbarmungslos ausgeliefert. Da ist man vor allem sein eigener erbärmlicher Gefangener. Und deshalb findet man von selbst auch keinen Weg mehr zurück oder voran ins Freie.

Vielleicht hört jetzt der eine oder andere von ihnen am Radio mit halbem oder ganzem Ohr zu. Für diesen Fall wage ich es, trotz aller Hemmungen und Barrieren, ja trotz aller Hoffnungslosigkeit an sie zu appellieren: Kehren Sie um, nicht bevor, sondern obwohl es längst zu spät ist! Jeder Mord, den Sie begangen haben oder begehen wollen, ist nicht nur ein Verbrechen am Leben anderer Menschen, sondern ebenso ein Verbrechen, das Sie an sich selbst begehen. Fragen Sie die, von denen Sie noch immer geliebt werden, fragen Sie Ihre verzweifelten Eltern! Hören Sie auf, sich selbst mit Halbwahrheiten zu belügen! Sie sind intelligent genug, um die ganze Wahrheit zu erkennen. Und Sie sind auch intelligent genug, um zu begreifen, daß allein die Wahrheit uns frei machen kann. Uns und auch Sie! Allein das Eingeständnis der harten und unerbittlichen Wahrheit, daß Sie nicht nur Feinde der menschlichen Gesellschaft geworden sind, sondern daß Sie selbst keine ärgeren Feinde haben als sich selbst, kann Ihnen noch helfen. Allein diese Wahrheit kann Sie von sich selbst befreien.

IV Frei werden von sich selbst – das verheißt die Wahrheit aber auch jedem von uns. Wir wollen uns das klarmachen, indem wir uns nun dem anderen Aspekt der uns zuteil werdenden Aufklärung zuwenden: Die Wahrheit hat in der Freiheit ihr Ziel. Was nicht frei macht, ist auch nicht wahr.

Wie sehr die Wahrheit frei macht, merken wir am besten daran, daß sie es schafft, unsere Aufmerksamkeit von uns selbst abzulenken, so daß wir uns regelrecht vergessen, um gerade so – selbstvergessen – ganz bei uns selbst zu sein. In jeder Wahrheitserkenntnis geschieht dies, daß wir unterbrochen werden in unserer Beschäftigung mit uns selbst, um frei von uns selbst ganz bei der Sache und bei der Sache wiederum ganz bei uns selbst zu sein. Die Wahrheit erkennen heißt allemal sich in einem schöpferischen Sinne selbst vergessen. Und das gilt nicht nur vom Individuum, sondern auch von ganzen Epochen. Die fruchtbarsten Zeiten in der Geschichte des Geistes sind allemal die, in denen eine altgewordene Zeit sich selbst vergißt, um eben so einer neuen Zeit Platz zu machen.

Das waren auch in der Universitätsgeschichte die großen, die bedeutenden Zeiten, die den Namen Tübingens weltbekannt gemacht haben und auf die wir stolz sein dürfen. Es waren Zeiten, in denen die Wahrheit der Freiheit zum Siege verholfen hat. Aber auch der Zeiten, in denen zwar mit viel Mittelmäßigkeit, aber doch redlich und gewissenhaft gelehrt und geforscht wurde, brauchen wir uns nicht zu schämen. Auch in den bescheidensten

Erkenntnissen wirkt die Wahrheit befreiend. Und zur Universität gehört nun einmal auch viel Mittelmaß, das erst dann bedrohlich, ja verhängnisvoll wird, wenn die Mittelmäßigkeit sich selbst verkennt und in einem Anfall von Größenwahn selber die Maßstäbe setzen will, nach denen die Arbeit des Geistes voranschreiten soll. Dann erstirbt die lebendige Wahrheit zur toten Richtigkeit, die niemanden befreit. Dann werden die unbequemen und gefährlichen Wahrheiten unterdrückt. Und mit ihnen wird die Freiheit unterdrückt. Auch solche Zeiten hat es gegeben bis hin zu den Jahren der großen Verblendung, in denen die Wege der Erkenntnis auch hier in Tübingen mit viel Schuld gepflastert wurden.

An der Freiheit wird man allerdings nicht nur dadurch schuldig, daß man sie unterdrückt, sondern ebenso dadurch, daß man ihre Grenzen mißachtet. Und das ist wohl die vor allem uns heute bedrohende Gefahr. Wir haben Freiheit. Und wir erfahren das Wunder der Freiheit, daß der, der sie hat, gar nicht genug davon haben kann. Das ist in Ordnung so, das muß so sein. Der freie Mensch, die freie Gesellschaft – sie wollen und sie können nicht aufhören, immer noch freier zu werden. Frei werden und immer noch freier – das ist menschlich. Die Freiheit wächst. Wohl dem, der Freiheit hat!

Aber die Freiheit wächst nur dann, wenn wir ihre Grenzen bejahen. Sie wächst gerade an ihren Grenzen. Unbegrenzt frei sein wollen – das ist der vermessene Wille, der erneut und nun erst recht in die Knechtschaft führt. Wir würden aufhören, irdische Menschen, wir würden aufhören, menschliche Menschen zu sein, wenn wir anfingen, unbegrenzt frei zu sein. Über den Wolken, da mag die Freiheit wohl grenzenlos sein. Die Wahrheit aber bleibt der Erde treu. Sie bleibt es auch dann, wenn wir mit ihrer Hilfe den Weltraum durchmessen und damit eben unsere *irdischen* Maße in die Fremde transportieren. Wohin wir auch kommen, wohin uns die Erkenntnis der Wahrheit auch führt, wir werden unsere irdische Herkunft nicht los, wir werden sie Gott sei Dank nicht los. Wir bringen immer Erde mit. Und zu unserem Erdendasein gehört die Wahrheit, daß die Freiheit Grenzen hat, jenseits deren sie sich nicht mehr steigert, sondern wie eine böse Geschwulst in das sichere Verderben führt.

V Es ist also kein Mangel, kein bedenkliches Defizit, daß die Freiheit begrenzt ist, sondern es sind wohltuende, heilsame Grenzen. Und genauso wohltuend und heilsam sind die Lebensakte, mit denen wir diese Grenzen bejahen. An zwei dieser Grenzen führt uns die befreiende Wahrheit selbst. Sie läßt uns erkennen, daß wir, ob wir wollen oder nicht, von *Gott* begrenzt werden und von unserem *Nächsten,* vom anderen Ich. Zwei elementare Lebensakte legt uns die Wahrheit deshalb nahe: die *Liebe* zum anderen Ich und den *Glauben* an Gott.

Im anderen Ich findet das eigene Ich seine unübersehbare Grenze, an der sich die menschliche Freiheit zu bewähren hat. Das geschieht, wenn ich den anderen Menschen liebe. Denn wenn ich liebe, dann habe ich mich auch schon in einem sehr präzisen Sinn vergessen zugunsten des anderen Ich. In der Liebe vergessen wir uns selbst, und zwar nicht nur in der Liebe zu dem *liebenswerten* anderen – das selbstverständlich auch. Es wird keinem Menschen verwehrt, zu lieben, was ihm liebenswert erscheint. Der Mensch soll auch sinnlich lieben – und wie! Es wird ihm aber ebenso zugemutet, den ganz und gar nicht liebenswerten Menschen, den politischen Gegner zum Beispiel, zu lieben und dadurch allererst liebenswert zu machen. Und wie viele Menschen gibt es, die erst durch unsere Liebe liebenswert, ja schön werden! In der Liebe bejahen wir die Grenze, an der wir die eigene Freiheit gern mit einem anderen Menschen teilen. An dieser Grenze beginnt die eigene Freiheit sozusagen nach innen zu wachsen. Sie gewinnt an Intensität. Wer liebt, ist intensiv frei.

Doch auch Liebe will gelernt sein. Um lieben zu können, muß man zuvor geliebt worden sein. Um sich vergessen zu können, muß man sich zuvor gewonnen haben. Wer sich selbst nicht gut ist, kann auch keinem anderen gut sein. Jede rechte Mutter weiß das, ohne viel darüber nachzudenken. Sie liebt ihr Kind und macht es damit allererst liebesfähig. Und genau das widerfährt uns an der anderen, an der unsichtbaren Grenze, an der uns Gott, *der liebe Gott* selbst begrenzt, um uns durch seine Liebe zu eigener Liebe fähig *und immer wieder* liebesfähig zu machen.

Der liebe Gott – er weckt und ernährt das Kind in uns, das Kind im Manne und das Kind in der Frau, dessen sich nur die unmündigen, die kindischen Menschen schämen. Der mündige Mensch hingegen kann es sich leisten, vor Gott ein Kind zu sein. Denn der mündige Mensch kennt seine Grenzen. Er kennt und bejaht vor allem diejenige Grenze, an der er sich als Gottes geliebtes Kind erkennt und sich deshalb auch wie ein Kind ungeniert freuen und unverkrampft danken kann.

Das also ist Aufklärung im besten, im verheißungsvollen Sinne des Wortes: die Befreiung, der Ausgang des Menschen aus seiner selbstverschuldeten Liebesunfähigkeit. Die Wahrheit wird euch frei machen heißt: Die Wahrheit wird euch zur Liebe frei machen. Da geschieht Aufklärung, wo wir, die wir alle von den Verneinungen des Lebens mehr oder weniger gezeichnet sind, zu Gott und so auch zu uns selbst neu und definitiv ja sagen lernen. Und das wäre der Triumph aller Aufklärung: wenn wir inmitten noch so großer Klugheit, Gescheitheit und Intelligenz einfältig werden und vor Gott hier auf Erden wie Kinder fromm und fröhlich sind.

Betroffen

Zu Beginn des Wintersemesters
am 20. Oktober 1977

Es dürfte uns allen schwer, sehr schwer fallen, unsere akademische Arbeit zu Beginn dieses Semesters ungebrochen aufzunehmen. Die Kette von Morden, mit denen nicht nur individuelles Leben vernichtet, sondern zugleich unser Staat und die bestehende Gesellschaftsordnung nicht etwa verbessert, sondern zerstört werden sollen, bestimmt unsere Situation. Und sie bestimmt doch wohl auch jeden von uns sehr persönlich. Wir sind betroffen.

Wir sind selber betroffen, wenn Menschenleben vernichtet wird. Wir sind selber betroffen, wenn Menschen sich – vermummt als *politisch* Agierende – zu Herren über Leben und Tod aufwerfen: ». . . haben wir der elenden und korrupten Existenz von Hanns Martin Schleyer ein Ende gesetzt«, heißt es in der Mitteilung, mit der die Verbrecher ihren jüngsten Mord gestern bekanntgaben. Die Sprache entspricht der Gemeinheit der Tat. Das Grundgesetz für die Bundesrepublik Deutschland sagt in Artikel 1: »Die Würde des Menschen ist unantastbar. Sie zu achten und zu schützen ist Verpflichtung aller staatlichen Gewalt.« Und in Artikel 2 heißt es: »Jeder hat das Recht auf Leben und körperliche Unversehrtheit. Die Freiheit der Person ist unverletzlich.«

Der Verpflichtung aller staatlichen Gewalt, die

Würde des Menschen zu achten und zu schützen, sind auch wir verbunden. Von ihr leben wir. Wir sollten auch für sie leben. Unser Leben zehrt von der Achtung für das Gesetz. Auch das Leben der Terroristen, die trotz ihres unmenschlichen und gegenmenschlichen Handelns unsere Mitmenschen sind und es noch inmitten ihrer Selbstzerstörung bleiben, zehrt von unserer Achtung für das Gesetz, das sie verächtlich machen.

Lassen Sie uns deshalb am Beginn gerade auch dieser theologischen Vorlesung dessen eingedenk sein, daß wir nicht gesetzlos existieren können. Theologie hat es mit dem Evangelium zu tun und nur insofern auch mit dem Gesetz. Wir sind als Theologen, weil wir denkend, redend und handelnd das Evangelium zu verantworten haben, besonders sensibel für die Gefahren des Gesetzes, die vor allem im »gesetzlichen« Umgang mit dem Gesetz lauern. Aber die Alternative zum gesetzlichen Umgang mit dem Gesetz ist nicht die Gesetzlosigkeit. Eine solche Alternative führt mit bitterer Konsequenz auch zur Verfälschung des Evangeliums. An die Stelle der Gesetzlosigkeit tritt niemals das frohmachende Evangelium, sondern vielmehr ein zum gesetzlichsten Gesetz pervertiertes Evangelium, treten Schuldvorwürfe, tritt aber niemals die Vergebung von Schuld. Deshalb sollten wir der Verächtlichmachung des Gesetzes gerade um des Evangeliums willen entgegentreten und durch Ermutigung zu einem evangelischen Umgang mit dem Gesetz dieses bei seiner menschlichsten Intention und bei seiner göttlichen Zielsetzung behaften: es ist – schreibt Paulus Römer 7,10 – zum *Leben* da.

Um des menschlichen Lebens willen, um der

Lebendigkeit und um der Menschlichkeit des menschlichen Lebens auch innerhalb der Universität willen wünsche ich mir und Ihnen inmitten aller Gegensätze, in die wir vielleicht sehr schnell verstrickt werden, *elementare Verständigung*. Sie wissen, daß ich den heute üblichen inflationären und reichlich abstrakten Gebrauch des Wortes *Solidarität* schon aus sprachhygienischen Gründen nicht sonderlich schätze. In dieser Situation möchte ich gleichwohl von Solidarität reden. Jetzt brauchen wir sie. Konkret. Und das Evangelium ermöglicht sie uns. Konkret.

Nämlich zuerst und vor allem Solidarität mit den Opfern und ihren Familien. Es darf sich nicht wiederholen, daß die Opfer des Terrors in der Universität auch noch verhöhnt werden. Sodann brauchen wir sehr konkrete Solidarität mit den Institutionen des Rechtes. Sie können und sollen verbessert, sie dürfen aber auf keinen Fall verachtet werden. Weiter wünsche ich uns, wünsche ich mir, was Herbert Wehner Solidarität der Generationen nannte. Wir brauchen sie – jetzt mehr denn je. Schließlich nenne ich hier die intimste Bedingung unserer akademischen Arbeit: Solidarität im Denken. Wir müssen es wieder lernen, argumentierend miteinander zu verkehren. Dann gelingt die Solidarität im Denken, gelingt das, was Platon συζητεῖν und διαλέγεσθαι nannte: gemeinsames Suchen und dialogische Existenz. Lassen Sie es uns erneut versuchen und so zur Pflicht unserer akademischen Arbeit zurückkehren. Die schrecklichen Vorgänge der letzten Wochen machen uns das schwer. Doch der Terrorismus darf es nicht erreichen, daß es ihm gelingt, unser Denken zu besetzen. Mitunter ist es geradezu befreiend, seine Pflicht zu tun. Der Pflicht gemeinsamen Denkens zu folgen – das könnte in unserer Situation hier an der Universität wenigstens etwas befreiend wirken. Ich wünsche es uns.

»Nach wie vor fehlt es an einer überzeugenden theologischen Grundlegung des Menschenrechtsverständnisses. ... Vordringlich ist bei allem, der Tendenz einer Entwicklung von verschiedenen Menschenrechtsverständnissen, die einander ausschließen, entgegenzuwirken.«

Stellungnahme der EKD zu der wichtigen Voraussetzung für eine hilfreiche Mitarbeit der Kirchen bei der Förderung der Menschenrechte vom Juli 1976.

Wolfgang Huber / Heinz Eduard Tödt
Menschenrechte
Perspektiven einer menschlichen Welt
241 Seiten, kartoniert

In vielen Teilen der heutigen Welt werden die Menschenrechte – oft auf eklatante Weise – verletzt. Von dieser Tatsache geht das vorliegende Buch aus. Dennoch ist es keine Protest- und Anklageschrift, sondern eine nüchterne Analyse des rechtlichen Charakters, der philosophischen Begründungen und des theologischen Verständnisses der Menschenrechte. Im Streit der Juristen, Philosophen und Theologen entfalten die Autoren hier erstmalig ein methodisches und sachliches Gesamtkonzept, in dem diese drei Aspekte in ihrer wechselseitigen Bezogenheit interpretiert werden. Dieses Konzept betrifft das theologische Denken und das praktische Verhalten der Christen und Kirchen beider Konfessionen und zeichnet die Perspektiven einer Welt, in der mehr Menschlichkeit herrscht.

Kreuz Verlag Stuttgart · Berlin